Gerhard Hammer
Die Begründung der Erziehungsziele

Gerhard Hammer

Die Begründung der Erziehungsziele

Grundzüge einer Philosophischen
und Pädagogischen Anthropologie

Herder
Freiburg · Basel · Wien

Alle Rechte vorbehalten – Printed in Germany
© Verlag Herder Freiburg im Breisgau 1979
Satz: VID Verlags- und Industriedrucke, Villingen-Schwenningen
Druck und Einband: Freiburger Graphische Betriebe 1979
ISBN 3-451-18847-3

Inhalt

Vorwort

Erzieherisches Handeln ist ohne Ziele nicht denkbar. Welches sind aber die Ziele, auf die hin gehandelt werden soll? Wie können sie als erstrebenswerte Erziehungsideale begründet werden? Wie kann im Konfliktfall verfahren werden, um zu einer Zielentscheidung zu gelangen? Auf diese für die Praxis sehr wichtigen Fragen will das vorliegende Werk eine Antwort geben.

Das einleitende (1.) Kapitel skizziert als unmittelbaren Ort der Zielproblematik die (erziehungs-)philosophische und pädagogische Anthropologie. Daran anschließend werden in „Grundzügen einer Pädagogischen Anthropologie" (2. Kapitel) Grenze, Möglichkeit und Notwendigkeit einer zielorientierten Erziehung aufgezeigt. Die im 3. Kapitel dargelegte Theorie sinn-anthropologischer Aussagen bietet für die zu begründenden Erziehungsziele begriffliche Klärungen, Unterscheidungen und den Aufweis sachlicher Zusammenhänge, so daß im 4., zentralen Kapitel die erziehungsphilosophische, ethische Begründung der Ziele erfolgen kann. Das letzte (5.) Kapitel greift als besonders wichtiges Erziehungsideal prosoziales Verhalten auf und bietet dafür ethische Argumente.

Mit dem Buch verbindet sich die Hoffnung, allen, die in der pädagogischen und sozialen Arbeit tätig sind (Lehrern, Eltern, Erziehern, Sozialpädagogen, Seelsorgern . . .) oder allgemein an diesem Bereich interessiert sind, eine *Hilfe* zu geben: in Unsicherheiten zur Wertausrichtung erzieherischen Handelns, in der Reflexion dieses Handelns, vor allem auch in Konfliktfällen und Auseinandersetzungen mit anderen um die „richtigen" Erziehungsziele.

Freiburg i. Br., 1979   *Gerhard Hammer*

1 Die Begründungsproblematik als Thema Philosophischer und Pädagogischer Anthropologie

1.1 Sinn- und Real-Anthropologie

Die Analyse menschlichen Handelns kann zeigen, daß unser Tun zwischen zwei Pole gespannt ist: (1) die Ziele der Handlung und (2) die dabei zu beachtenden Gegebenheiten. – Zum ersten: Der Mensch handelt im allgemeinen im Hinblick auf Ziele und Interessen; er lenkt sein Handeln durch einen Sinn, eine Orientierung. Diese Orientierung fordert Wahl und Auswahl zwischen Alternativen. Um die Wahl zu ermöglichen, bedarf es einer Bewertung. Diese wiederum geschieht auf dem Hintergrund einer umfassenden *Wert*-Orientierung als der „verallgemeinerten und in sich gegliederten, das Verhalten beeinflussenden Konzeption der Natur, der Stellung des Menschen darin, der Beziehungen von Mensch zu Mensch – sowie des Wünschenswerten und Nicht-Wünschenswerten, sofern es das Verhältnis des Menschen zu seiner Umwelt und seinen Mitmenschen betrifft"[1]. – Zum zweiten: Daß der Mensch im zielgerichteten Handeln auf die konkreten Gegebenheiten der Situation achten muß, ist alltägliche Erfahrung. Jede Zielüberlegung wird überflüssig, wenn nicht die grundsätzliche Realisierbarkeit des Ziels sowie die den Gegebenheiten angepaßten Mittel und Wege möglicher Verwirklichung in die Überlegungen einbezogen werden. Dabei besteht zwischen Ziel und Situation eine Wechselbeziehung: Das Ziel führt nicht nur zur Beeinflussung und Veränderung der Situation; die Situation selbst verlangt oft eine Modifizierung des Ziels.

Auch erzieherisches Handeln ist zwischen die beiden Pole Handlungsziel und gegebene Wirklichkeit gespannt. Der Pädagoge braucht Vorstellungen darüber, welche *wertvollen Möglichkeiten* der Zu-Erziehende verwirklichen könnte und sollte. Ohne eine solche (weltanschauliche) Orientierung ist erzieherisches Handeln undenkbar.[2] Dabei ist es grundsätzlich gleichgültig, ob man Erziehung eher „organologisch" als Wachsen- und Entwickeln-Lassen auffaßt (der Erzieher als „Gärtner") oder eher den Aspekt des Machens und Gestaltens betont (der Erzieher als „Bildhauer"). – Zugleich ist es eine Selbstverständlichkeit im erzieherischen Handeln, daß dabei anthropogene und sozial-kulturelle Bedingungen[3] bzw. die Möglichkeiten des Menschen in seiner Situation[4] berücksichtigt werden müssen, um Überforderung und Scheitern von Anfang an zu vermeiden.

Die meisten Begriffsbestimmungen bzw. Umschreibungen der Erziehung enthalten die beiden aufgezeigten Pole. Stellvertretend für viele seien W. Brezinkas Begriffsklärungen angeführt. Unter Erziehung versteht er soziale Handlungen, „durch die Menschen versuchen, das Gefüge der psychischen Dispositionen anderer Menschen in irgendeiner Hinsicht dauerhaft zu verbessern oder seine als wertvoll beurteilten Komponenten zu erhalten"[5]. Die Wörter „verbessern" und „wertvoll" machen deutlich, daß bestimmte „psychische Dispositionen" als *Ideal* aufzufassen sind.[6] – Obgleich Brezinka die „Realisierbarkeit" eines Ideals nicht in dessen Begriffsbestimmung aufnimmt, wird die Berücksichtigung konkreter Gegebenheiten, z. B. der Lernfähigkeit und Motivation, grundsätzlich vorausgesetzt.[7]

Erzieherisches Handeln braucht nach dem bisher Gesagten einmal Vorstellungen über *wertvolle* Möglichkeiten des Menschseins, es braucht ein Bild der „reifen Persönlichkeit". Sofern dieses Bild in möglichst vielen Dimensionen des Menschseins entfaltet, denkerisch durchdrungen und, soweit dies überhapt möglich sein kann, begründet wird, könnte man von einer „Theorie" der reifen Persönlichkeit reden. Da das zugrundeliegende Bild bzw. Ideal durch die Wertvorstellungen dem Handeln Sinn verleiht, bietet sich für eine solche Theorie der Begriff *„Sinn-Anthropologie"* an.[8] (Auch die Bezeichnung „Ideal-Anthropologie" drückt den Sachverhalt angemessen aus.[9] Beide Bezeichnungen können synonym gebraucht werden.)

Neben einer Sinn-Anthropologie braucht erzieherisches Handeln sehr klare und genaue Kenntnisse über den Menschen in seiner Situation, über seine gegebenen Möglichkeiten und Grenzen. Sofern diese Kenntnisse über den Menschen möglichst viele für den Erziehungsprozeß relevante Tatsachen umfassen, diese Tatsachen in ein System überprüfbarer Sätze eingebunden werden und die Sätze als Hypothesen einem empirischen Prüfverfahren unterworfen werden, kann man von einer erziehungswissenschaftlichen Theorie der Persönlichkeit sprechen. Da es um die Erfassung der Wirklichkeit geht, nennen wir diese Theorie *„Real-Anthropologie"*. (Denkbar wäre auch der Begriff „Seins-Anthropologie".)

Ziel einer erziehungswissenschaftlichen Persönlichkeitstheorie als Realanthropologie ist nicht ein allumfassendes System. Die einfache Frage „Was ist der Mensch?" erschöpfend zu beantworten, dürfte nicht möglich sein, wäre wohl auch für unmittelbares Handeln nicht praktikabel; denn einmal ist unser Wissen sehr lückenhaft und auf Vermutungen angewiesen, zum anderen sind viele Aussagen über den Menschen für den Pädagogen nicht wichtig. Nach H. Thomae sind Anthropologien – erkenntnistheoretisch gesehen – das Ergebnis einer „Figur – Grund – Bildung".[10] Verschiedene Informationsgruppen über den Menschen werden bewertet und zwischen relevant und weniger relevant unterschieden. Die als relevant empfundenen bilden die *Figur;* die als weniger relevant empfundenen verschmelzen zum *Hintergrund* und geben dem Bild Atmosphäre und Stimmung. Das Kriterium für die Bewertung der Informationen im Hinblick auf eine Pädagogische Realanthropologie ist die jeweilige Bedeutung (und Brauchbarkeit) für die Erziehungshandlung. Als Informationen kommen dabei besonders in Frage: Beschreibungen und Erklärungen zu den verschiedenen Dimensionen des Menschen, zu seiner Entwicklung, vor allem aber auch Überlegungen zur Situations-Gebundenheit menschlichen Verhaltens. Da es in der Erziehung nicht um den Menschen schlechthin geht, sondern um jeweils ganz bestimmte Menschen in ihrer besonderen Situation, muß die Realanthropologie auch einen differentiellen Aspekt enthalten.

Real- und Sinn-Anthropologien bekommen ihre Informationen zum Aufbau der jeweils angezielten Theorie aus sehr vielen Quellen und Wissenschaftsdisziplinen. Die meisten Informationen werden jedoch durch zwei in der Wissenschaftsgeschichte vergleichsweise junge Disziplinen vermittelt: durch die Philosophische und Pädagogische Anthropologie.

Eine wissenschaftliche Reflexion sinnanthropologischer Aussagen findet sich heute in erster Linie in der Philosophie, hier wieder vor allem in der Philosophischen Ethik, in der Philosophie der Werte und der Philosophischen Anthropologie.[11] Aus zwei Gründen bietet sich die Philosophische Anthropologie als der Sinn-Anthropologie unmittelbar vorgelagerte Disziplin an: Gegenüber der Ethik betont sie weniger das unbedingte Sollen, sondern bemüht sich mehr um den Aufweis der wertvollen Möglichkeiten des Menschseins als Angebot. Gegenüber der Philosophie der Werte zielt sie bewußter eine Theorie der (reifen) Persönlichkeit an. – Realanthropologische Aussagen bietet die reiche Palette human- und sozialwissenschaftlicher Disziplinen. Von der Pädagogischen Anthropologie kann erwartet werden, daß sie die Vielfalt der Aussagen (figurhaft) auf ihre pädagogische Relevanz überprüft und zu einer für erzieherisches Handeln praktikablen pädagogischen Persönlichkeitstheorie zusammenfaßt. – Die folgende Skizze kann den Informationsfluß (schematisch vergröbernd) verdeutlichen:

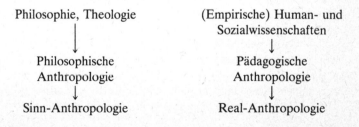

11

1.2 Philosophische Anthropologie

Die Philosophische Anthropologie als Lehre vom Wesen des Menschen gibt es der Sache nach, seit Menschen über sich selbst nachdenken. Sie ist systemimmanenter Bestandteil jeder Weltanschauung, jeder Religion und jedes philosophischen Systems.[12] Ihre Geschichte als eigenständige Disziplin, die für die anderen philosophischen Disziplinen grundlegend sein will, beginnt allerdings erst in den zwanziger Jahren unseres Jahrhunderts – verbunden mit den Namen M. Scheler, H. Plessner, Th. Litt, A. Portmann, A. Gehlen u. a. In ihrer heutigen Gestalt enthält sie zwei Grundströmungen und Denkabsichten, die man mit unserer Terminologie als realanthropologische und sinnanthropologische Denkrichtung bezeichnen kann. Sie seien in groben Zügen skizziert:

Bereits J. G. Herder forderte eine „philosophia anthropologica", in der der Mensch in die Umwelt einbezogen ist. Bei ihm klingen schon die zentralen Themen an – der Mensch ist schutz- und erziehungsbedürftig, auf schöpferische Kultur und Geschichtsentfaltung angelegt –, die in der Philosophischen Anthropologie des 20. Jahrhunderts erneut aufgegriffen werden. Heute kann sich die Philosophische Anthropologie auf umwälzende Erkenntnisse der Humanbiologie, Kultur- und Sozial-Anthropologie stützen. Man erwartet von ihr ein allgemeines, wissenschaftliches Totalverständnis des Menschen, in dem alle Einzelwissenschaften, die relevante Erkenntnisse über den Menschen bieten können, einbezogen werden müssen.[13] Die Forderung, daß die Philosophische Anthropologie als Frage nach dem, was der Mensch ist, nicht mehr die empirischen Ergebnisse der Human- und Sozialwissenschaften übersehen darf, wird vor allem von jenen empirisch arbeitenden Wissenschaftlern erhoben, die philosophischen Bemühungen durchaus wohlgesonnen sind.[14]

Allerdings muß gesehen werden, daß die Philosophische Anthropologie als Suche nach der „Ganzheit" über das Empirische hinausgehen will und muß.[15] Im ersten Anlauf verhält sie sich zu den Einzeldisziplinen „verarbeitend", ist nach Habermas eine „reaktive philosophische Disziplin".[16] Aber eine Integration verschiedener Einzelinformationen aus sehr unterschiedlichen Wissenschaften kommt ja nicht alleine und automatisch zustande; sie bedarf einer integrierenden und tragenden Idee. J. Piaget hat diesen Unterschied zwischen einer empirisch begründeten Realanthropologie und der Philosophischen Anthropologie gespürt. Die empirische Anthropologie beschränkt sich (nach Piaget) auf empirisch überprüfbare Hypothesen und deren experimentelle Verifizierung. Die Philosophische Anthropologie dagegen schreitet weiter: Sie nimmt bereits Sätze an, die als Postulate wahrscheinlich und in sich kohärent (d. h. ohne logischen Widerspruch) sind.[17] Ist dies nicht mehr legitim? Eine über die empirischen

Fakten hinausgehende kühne Spekulation bleibt ein echtes und nützliches philosophisches Anliegen. Nach A. N. Whitehead (Process and Reality) besteht die wahre philosophische Arbeitsmethode darin, ein Gedankenschema zu bilden (das beste, das man bilden kann) und unbeirrbar die Deutung der Erfahrung mit Hilfe dieses Schemas zu erproben. Ganz ähnlich plädiert auch K. R. Popper für möglichst „kühne" Spekulationen.[18]

Sofern die Philosophische Anthropologie in ihrer integrierenden Funktion die empirischen Ergebnisse angemessen zur Sprache kommen läßt und sie durch ihre leitende Idee nicht vergewaltigt, zugleich ein offenes System darbietet, erfüllt sie eine wichtige Aufgabe, da sie eine Konzeption der Stellung des Menschen in der Welt, seiner Grundbefindlichkeiten, Strukturen und Gesetzlichkeiten vermittelt. Von einer solchen umfassenden anthropologischen Sichtweise erwartet sich auch die Pädagogik neue Impulse.[19]

Der realanthropologischen Aufgabe der Philosophischen Anthropologie stehen jedoch pessimistische Aussagen über die Rolle der Philosophie heute entgegen. M. Heidegger äußerte in einem Interview gegen Ende seines Lebens die Meinung, daß die Philosophie ihre Rolle ausgespielt habe. „Die Philosophie löst sich auf in Einzelwissenschaften."[20] Ob die Einzelwissenschaften die Rolle der Philosophischen Anthropologie überhaupt übernehmen wollen (und können), bleibt vorerst fraglich. Dennoch muß Heideggers Beobachtung beachtet werden.

Selbst wenn sich die Philosophie mehr und mehr von der realanthropologischen Fragestellung zurückziehen sollte, erwartet man von ihr *sinnanthropologische* Aussagen, die ihr von keiner empirischen Wissenschaft abgenommen werden können. So hält H. Thomae den Aufweis des *Sinnes* von Persönlichkeitsmerkmalen in erster Linie für eine philosophische Aufgabe.[21] Gleichsam von der anderen Seite, von der Ethik herkommend, erhofft sich W. Trillhaas von der Anthropologie eine Grundlegung der Ethik; diese nennt er eine „angewandte Anthropologie".[22] Wer heute Philosophische Anthropologie betreibt, wird gut daran tun, sie eher als Sinn-Anthropologie zu konzipieren.

Neben Philosophischen Anthropologien, die sich entweder mehr der realanthropologischen oder mehr der sinnanthropologischen Fragestellung zuwenden, finden sich Entwürfe, die *beide* Denkabsichten aufgreifen. Bereits I. Kant unterscheidet eine Anthropologie in „physiologischer" und eine in „pragmatischer" Hinsicht.[23] Erstere will eine „Naturlehre" sein. Sie geht auf die Erforschung dessen, was die Natur aus dem Menschen macht. Die Anthropologie in pragmatischer Hinsicht will „die Bestimmung des Menschen" finden; sie geht auf das, was der Mensch „als freihandelndes Wesen aus sich selber macht oder machen kann und soll". Anthropologie ist demnach nicht nur empirisch-deskriptiv; sie soll auch moralisch-praktisch werden, was vor allem in der Frage nach dem, was der Mensch aus sich machen soll, zum Ausdruck kommt.

In neuerer Zeit hat C. Gulian in seinem „Versuch einer marxistischen Philosophischen Anthropologie" dieser Diziplin Fragestellungen sowohl auf der „ontischen" wie auf der „axiologischen" Ebene zugewiesen.[24] (1) Auf der *ontischen* Ebene erforscht die Philosophische Anthropologie den Menschen in seiner Situation. Sie greift dabei alle erreichbaren Erkenntnisse der Human- und Sozialwissenschaften auf. Gulian erkennt die Gefahr des enzyklopädischen Charakters einer solchen Anthropologie und die Unmöglichkeit einer erschöpfenden Systematisierung. Darum will er sich mit der Auswahl einiger Hauptprobleme bescheiden. Auf diese Weise erhofft er sich eine „Theorie der Person", die sich um drei Grundthesen gruppiert: Im Menschen lassen sich Schichten unterscheiden; der Mensch ist wesentlich auf andere angewiesen und auf sie bezogen; der Mensch strebt nach Selbstverwirklichung, Kompetenz, Selbstbehauptung. – (2) Auf der *axiologischen* Ebene beschäftigt sich die Philosophische Anthropologie mit Wert und Sinn des Lebens. Sie sucht – Marx folgend – das Leitbild des „totalen Menschen", der sowohl Möglichkeit als auch Ideal der Verwirklichung und geistiges Vorbild ist. Ziel ist eine „Theorie der Persönlichkeit", die in Beziehung und Abhängigkeit zur „Theorie der Person" bleibt, da nur das etwas wert sein kann, was von der Struktur und Situation des Menschen her immer noch als möglich erscheint. Dennoch geht die Theorie der Persönlichkeit als „Wertung" über die „Erkenntnisse" der Theorie der Person hinaus und steht in unmittelbarer Nähe zur Ethik. – Diese zweipolig aufgebaute Philosophische Anthropologie enthält somit sinn- und realanthropologische Aussagen:

Ontische Ebene: Theorie der Person = Real-Anthropologie;
axiologische Ebene: Theorie der Persönlichkeit = Sinn-Anthropologie.

1.3 Pädagogische Anthropologie

Im Laufe der anthropologischen Besinnung in den Einzelwissenschaften entstanden verschiedene Entwürfe einer Pädagogischen Anthropologie. Wie in der Philosophischen Anthropologie, so finden sich auch hier sowohl real- als auch sinnanthropologische Fragestellungen.

Als „empirische Anthropologie"[25] bemüht sich die Pädagogische Anthropologie um die Zusammenfassung der Ergebnisse verschiedener Nachbardisziplinen. Sie „bildet innerhalb der Erziehungswissenschaft jenen Forschungsbereich, der vor allem die Ergebnisse der modernen Wissenschaften vom Menschen in den Bereich der Erziehung hinein vermittelt. In dieser allgemeinen Bestimmung kommen alle Vertreter dieser Disziplin überein, so erheblich sie sich in der besonderen wissenschaftstheoretischen und methodischen Einordnung der betreffenden Wissenschaft in das Ganze der gegenwärtigen erziehungswissenschaftlichen Fragestellung unterscheiden mögen."[26]

In dem Versuch, eine Theorie vom Menschen zu entwerfen als einem Wesen, das erzogen werden kann und auf dem Wege seiner Menschwerdung auch der Erziehung bedarf, werden vor allem die schon von der Philosophischen Anthropologie aufgegriffenen Erkenntnisse der biologischen sowie der Sozial- und Kultur-Anthropologie aufgenommen: der Mensch als „normalisierte Frühgeburt" (Portmann), als „sekundärer Nesthocker"; als instinktreduziertes (Tinbergen, Lorenz), weltoffenes (Scheler, Uexküll) Wesen; als unspezialisiertes biologisches „ Mängelwesen" (Gehlen); als Geschöpf und Schöpfer der Kultur (Landmann); als geschichtliches, sich wandelndes Wesen, das immer die „offene Frage" (Plessner) bleibt.

Was auf diese Weise entsteht, kann „basale"[27] oder integrative, datenverarbeitende Anthropologie genannt werden. Vorläufer dieser Fragestellung in der Pädagogik ist R. Lochner, der schon 1927 eine „empirisch-synthetische Anthropologie"[28] (sogar als Bildungsfach und Grundlagenfach an den Gymnasien und Hochschulen) forderte, die aus verschiedenen Wissenschaften eine Gesamtsicht des Menschen ermöglichen sollte. H. Nohls Werk „Charakter und Schicksal"[29] (1938) ist ein weiterer früher und die Entwicklung entscheidend beeinflussender Versuch gewesen. – Ergänzend muß erwähnt werden, daß sowohl der erste Versuch als auch die heutigen Entwürfe sich nicht nur mit fremden Federn, d. h. mit Ergebnissen nicht-pädagogischer Wissenschaften, schmücken wollen, sondern genuine pädagogische Erfahrungen und (soweit schon vorhanden) erziehungswissenschaftliches Forschungsmaterial in das Theoriegebäude einbauen.

Neben realanthropologischen finden wir auch sinnanthropologische Modelle. Für U. Bleidick[30] zählt die Pädagogische Anthropologie – W. Brezinkas Unterscheidung von Erziehungswissenschaft und Erziehungsphilosophie aufgreifend[31] – zur Erziehungsphilosophie. In ihr geht es um inhaltliche Sollens-Bestimmungen, um Sinn-Auslegungen, um philosophisch-ethische Reflexionen, hinter denen ein gewolltes Menschenbild steht; es geht ihr darum, die Werthaftigkeit jedes Menschseins (bei Bleidick speziell die des behinderten Menschen) freizulegen.

Schließlich finden sich – wie in der Philosophischen Anthropologie – auch in der Pädagogischen Modelle, die beide Aspekte (den real- und sinnanthropologischen) gemeinsam verfolgen. Wenn etwa bei M. Langeveld Pädagogik den Charakter einer sowohl beschreibenden als auch vorschreibenden Wissenschaft hat, stellt seine „Anthropologie des Kindes" eine Einheit von Deskriptivem und Normativem dar.[32] Und wenn H. Schilling[33] in der Pädagogischen Anthropologie den geeigneten Ort der Kommunikation sieht, wo sich Aussagen über den Menschen, wie er ist, mit Aussagen über die wertvollen Möglichkeiten und die Zukunft des Menschen treffen, dann wird auf ähnliche Weise die innere Einheit deutlich. Schließlich sei die großangelegte Pädagogische Anthropologie von H. Roth erwähnt: Sie versucht zum einen die Integration empirischer Befunde in einer pädagogischen Persönlichkeitstheorie und Entwicklungspädagogik; auf der anderen Seite stellt sie sich der Frage der Erziehungsziele und unternimmt den Versuch, das Bild der „reifen" Persönlichkeit (als eine Art Leitfaden erzieherischen Handelns) wertend und Stellung nehmend (freilich ohne nähere philosophische Begründung) aufzuzeichnen.[34] Die bisherige Beachtung, welche dieser Ansatz gefunden hat, scheint anzudeuten, daß damit ein dringendes Anliegen in der Reflexion erzieherischen Handelns wegweisend aufgegriffen worden ist.

1.4 Zuordnung der Anthropologien

Unsere Überlegungen begannen damit, die real- und sinn-anthropologische Fragestellung im erzieherischen Handeln aufzuzeigen. Als unmittelbare Antwortquellen auf beide Fragekomplexe bieten sich in erster Linie die Philosophische und Pädagogische Anthropologie an. Die Entwürfe sowohl der Philosophischen wie der Pädagogischen Anthropologie ließen sich in drei Gruppen unterteilen: einmal eine Gruppe, welche die Fragestellung der ontischen Ebene (Was *ist* der Mensch?) entweder ausschließlich behandelt oder zumindest akzentuiert; weiters eine Gruppe, welche die Frage nach den *wertvollen* Möglichkeiten menschlicher Entwicklung behandelt; und schließlich eine Gruppe, die von vornherein beide Aspekte thematisiert.

Angesichts der Verschiedenheit in den Entwürfen erscheint es wichtig, an zwei Postulaten festzuhalten: Erstens kann und muß in der Analyse erzieherischen Handelns der real- und sinn-anthropologische Ansatz *unterschieden* werden. Aussagen auf der ontischen Ebene dürfen nicht undifferenziert mit Aussagen auf der axiologischen Ebene vermengt werden. – Allerdings können – zweitens – die beiden Fragestellungen auch wieder nicht total voneinander getrennt werden; sie gehören *zusammen*. Der erzieherische Prozeß läßt eine strenge Teilung nicht zu: Die Frage nach Sinn, Wert und Idee des Menschen kann nur in Abhängigkeit von der

Frage nach den (realistisch eingeschätzten) Möglichkeiten des Menschen in seiner Situation gestellt werden, selbst wenn man die Realisierbarkeit nicht als Element in die Begriffsbestimmung der Erziehungsziele aufnehmen will. Umgekehrt bleibt jede Beschreibung der anthropogenen und soziokulturellen Bedingungen des Menschen in der pädagogischen Praxis ziellos und unsinnig, wenn sie nicht im Hinblick auf mögliche Handlungsziele erfolgt.

Die Unterschiedenheit und Bezogenheit der ontischen und axiologischen Frageebene hat für die Einteilung der Aufgabenstellung der angesprochenen Wissenschaftsdisziplinen Konsequenzen. Durch welche Wissenschaftssystematik kann gewährleistet werden, daß einerseits die Ebenen nicht miteinander vermengt werden, andererseits aber auch nicht auseinanderfallen? Es erscheint auf den ersten Blick einleuchtend, wenn man jenen Modellen folgt, die beide Fragestellungen zugleich aufgreifen. Es gibt jedoch pragmatische und wissenschaftstheoretische Gründe, die eine gewisse Arbeitsteilung angeraten sein lassen.

Das Ansehen der Philosophie ist mit dem Erstarken der empirisch arbeitenden Wissenschaften gesunken. Ihre Aussagen auf der ontischen Ebene werden als (unbegründete oder unbegründbare) Spekulationen ins Reich der Mythologien verwiesen. Die Philosophie tritt, was ihre realanthropologischen Aussagen betrifft, ihre Rolle mehr und mehr an die Einzelwissenschaften ab, die sich aus ihr entwickelt haben. Man mag sich gegen diese Entwicklung stemmen; zweckmäßiger ist es, sie zunächst einmal als Tatsache hinzunehmen und auf bessere Zeiten zu hoffen. Entscheidet man sich für letzteres, werden die wissenschaftstheoretischen, vor allem aber die *normativen* Aufgaben der Philosophie um so deutlicher.[35] Darum plädieren wir dafür, daß sich in der gegenwärtigen Wissenschaftssituation die Philosophische Anthropologie mehr ihrer *sinn*anthropologischen Aufgabe widmet. Als „erziehungsphilosophische Anthropologie", die das erzieherische Handeln im Hinblick auf Zielentwicklung und Zielbegründung reflektiert, bildet sie zusammen mit der Wissenschaftstheorie die Erziehungsphilosophie, welche ihrerseits wichtiger integraler Bestandteil der Pädagogik ist, die nicht nur aus einer empirischen Erziehungswissenschaft bestehen kann.[36]

In der Pädagogik hat sich in den sechziger Jahren eine (notwendige) realistische, empirische Wende vollzogen. Wenn man diese Entwicklung zur empirisch orientierten modernen Erziehungswissenschaft als Faktum anerkennt, erscheint es angeraten, Pädagogische Anthropologie eher als erziehungswissenschaftliche, d. h. empirisch orientierte Realanthropologie zu konzipieren, die aus den Ergebnissen benachbarter Human- und Sozialwissenschaften, aus eigenen Forschungen und pädagogischen Erfahrungsberichten eine pädagogische Persönlichkeitstheorie entwirft. Die

Beobachtung, daß H. Roth in seiner Pädagogischen Anthropologie zwar wertend das Bild der reifen Persönlichkeit entwirft, sich auch mit verschiedenen Theorien zur Zielproblematik auseinandersetzt, aber keine sinnanthropologische Begründung seiner Theorie der Persönlichkeit entwickelt, bestätigt den realanthropologischen Schwerpunkt der Pädagogischen Anthropologie.

Im Geflecht von Real- und Sinn-Anthropologie auf der einen sowie (erziehungs-) philosophischer und pädagogischer Anthropologie auf der anderen Seite kann somit ein primärer Zusammenhang (durchgezogene Linie) und ein sekundärer (gestrichelte Linie) unterschieden werden:[37]

Sinn-Anthropologie ←⟶ Philosophische Anthropologie
Real-Anthropologie ←⟶ Pädagogische Anthropologie

Damit ist der Ort der Begründungsproblematik umrissen. Von der erziehungs-philosophischen Anthropologie wird die Bemühung um eine Begründung sinnanthropologischer Aussagen erwartet. Dies kann jedoch nur geschehen in ständigem Rückbezug auf die (realanthropologischen) Erfahrungsgrundlagen, wie sie vor allem von der Pädagogischen Anthropologie geliefert werden sollen.

2 Grundzüge einer Pädagogischen Real-Anthropologie

Um sich nicht unnötig mit der Formulierung und Begründung nicht-realisierbarer Erziehungsziele abzugeben, ist es notwendig, an den Anfang des Begründungsverfahrens Überlegungen zu den _Grenzen_ der Erziehung zu stellen: Grenzen der Natur und der Gesellschaft, aber auch Grenzen des erzieherischen Einflusses durch die Freiheit und Einmaligkeit des Zu-Erziehenden. Was nicht zu verwirklichen ist, kann auch nicht Erziehungsziel sein. – Zugleich muß aber auch die _Möglichkeit_ der Erziehung aufgewiesen werden: Es ist wichtig zu wissen, in welchem Umfang das Einwirken auf einen Menschen überhaupt Erfolg haben kann. Eine realistische Einstellung zur pädagogischen Praxis lebt von der Hoffnung, daß die menschliche Entwicklung, Eigenschaften und Verhalten, beeinflußbar, veränderbar, verbesserbar ist. Dies ist begründet in der Einsicht, daß Eigenschaften und Verhalten letztlich durch das _Zusammenstimmen_ (Interaktion) von genetischem Erbe, Umwelt und persönlicher Entscheidungen zustande kommen.[1] J. H. Pestalozzi hat in seinen „Nachforschungen über den Gang der Natur in der Entwicklung des Menschengeschlechts" das Anliegen einer Pädagogischen Anthropologie auf folgende Kurzformel gebracht: „Werk der Natur, Werk der Gesellschaft, auch Werk meines Geschlechts genannt, und Werk meiner selbst bin ich also als Mensch."[2] Damit sind die drei entscheidenden Komponenten genannt, die sowohl Grenze als auch Möglichkeit der Entwicklung „wertvollen" menschlichen Daseins bestimmen. Der „Freiheit des Menschen" kommt dabei als Thema Pädagogischer Anthropologie eine besondere Bedeutung zu.[3] Wenn sie gegeben ist, werden nicht nur Grenzen der Fremderziehung und Möglichkeiten der Selbsterziehung sichtbar; von ihr her bekommt die Frage des „Woraufhin" jedes Handelns (d. h. die Sinnanthropologie) erst Dringlichkeit.

2.1 Der Mensch als Werk der Natur, der Gesellschaft und seiner selbst

Die nachfolgenden Überlegungen können in drei Thesen zusammengefaßt werden, die es anschließend zu begründen gilt:
(1) Das genetische Erbe bestimmt den Menschen. Das bedeutet aber nicht

unveränderliche Reifung; denn je nach Persönlichkeitsmerkmal ist zu prüfen, in welchem Umfang durch Umwelteinfluß und Selbstbestimmung die Anlage variiert und individuell ausgeprägt werden kann.

(2) Der Mensch ist Werk der Gesellschaft, der objektiven Kultur, vor allem auch der erzieherischen Einflüsse. Aber auch diese Bestimmung kann nur wirksam werden, wenn die entsprechenden Anlagen dazu vorhanden sind.

(3) Schließlich ist der Mensch Werk seiner selbst; er kann sich auf eine Höhe der Selbstbestimmung entwickeln, von der aus er sich selbst und seine ihn umgebende Umwelt gestaltet, ohne durch Erbe oder Umwelteinflüsse in seinem Entscheiden von vornherein völlig bestimmt zu sein. Es ist eine der größten Aufgaben der Erziehung, nicht nur zum vernünftigen Umgang mit der Freiheit des Handelns zu führen, sondern auf dem Wege zur Freiheit des Entscheidens Hilfestellung zu leisten.

In der angesprochenen Problematik hat sich heute weithin die Theorie der Interaktion und Konvergenz (W. Stern) von Anlage und Umwelt durchgesetzt: Es gibt keine Eigenschaften, an denen nicht sowohl Erbe als auch Umwelt beteiligt wären; jedes Merkmal ist schon ein Ergebnis aus Anlage und Umwelt.[4] Zugleich kann sich im Menschen die Fähigkeit freier Entscheidung entwickeln, aus der heraus er sich und seine Umwelt als Schöpfer mitgestaltet; unsere Pädagogische Anthropologie geht über deterministische Theorien hinaus. Die Interaktion vollzieht sich zwischen allen drei Komponenten:

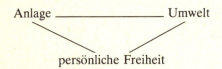

2.1.1 *Anlage*

Die These von der Rolle des genetischen Potentials kann mit Hilfe verschiedener Forschungsbeiträge begründet werden.[5] Einen ersten Einblick in das Wirken der Anlage gewährt die *Verhaltensforschung*. Was zunächst in Deprivations- und Attrappenexperimenten an Tieren gefunden wurde, läßt sich in gewissem Umfang auch vom Menschen behaupten: (a) Auch bei ihm dürfte es z. B. „Auslösemechanismen" geben. Einer der am besten analysierbaren angeborenen auslösenden Mechanismen ist das „Kindchenschema", auf das wir mit Regungen der Freundlichkeit und Zärtlichkeit reagieren. Die erstarkende Soziobiologie (E. Wilson) weist immer wieder darauf hin, daß soziales Verhalten (Kooperation, Selbstlosigkeit, Mutterliebe) auch genetisch bedingt ist. Die Anlage ist aber nur Substrat. Sie kann die Vielfalt der Inhalte, wie sie durch Völkerkunde und historische Wissenschaften belegt werden, nicht erklären. – (b) Auch beim Menschen gibt es instinktartige Aggressionsausbrüche nach Enttäuschungen. Viele Psychoanalytiker schließen sich den Ethologen an und sehen in Sexualtrieb und Aggressionstrieb angeborene Kräfte. Allerdings beweist die analytische und heilpädagogische Arbeit, daß selbst bei unglücklicher Entwicklung noch Eingriffschancen der Heilung offenstehen.

Die Bedeutung der Anlage kann außerdem aus Ergebnissen der *Konstitutionsforschung* erschlossen werden. E. Kretschmer hat entdeckt, daß bestimmte Körperbautypen mit bestimmten Geisteskrankheiten höher korrelieren als mit anderen.

W. H. Sheldon ging dieser Fragestellung auf dem Hintergrund eines breiten empirischen Materials weiter nach und fand eine signifikante und sehr hohe Korrelation zwischen den Körperbauten und den zugehörigen Temperamentstypen[6]:

zwischen Endomorphie (weiche, runde Körperformen) und Viscerotonie (Typ des „gemütlichen" Menschen, gesellig, tolerant): + 0.79;
zwischen Mesomorphie (harte, eckige Struktur, Knochenbau und Muskulatur sind betont) und Somatotonie (körperlich aktiv, mutig bis aggressiv): + 0.82;
zwischen Ektomorphie (grazil, feingliedrig) und Cerebrotonie (zurückhaltend, selbstbewußt, in Erscheinung und Auftreten jugendlich, im Umgang mit anderen eher ängstlich): + 0.83.

Die Forschungen auf diesem Gebiet sind noch im Fluß und durchaus kontrovers. Sie lassen zwar die Bedeutung der Anlage für menschliches Verhalten erahnen, jedoch nicht im Sinne völliger Determination.

Hinweise auf die starke Rolle der Erbfaktoren liefert auch die *Intelligenzforschung*. H. J. Eysenck[7] verweist etwa auf das Phänomen der Regression: Kinder sehr intelligenter Eltern liegen in ihrem Intelligenzquotienten (IQ) zwar über dem Durchschnitt, aber unter dem ihrer Eltern; umgekehrt ist die Intelligenz jener Kinder, deren Eltern einen unterdurchschnittlichen IQ haben, ebenfalls unter dem Durchschnitt, aber über dem IQ ihrer Eltern. Diese Tendenz zum Durchschnitt, zur Mitte, läßt sich schwer durch die Einflüsse der Umwelt, leicht jedoch mit Hilfe der Mendelschen Vererbungstheorie (also mit Hilfe der Erbfaktoren) erklären. Eysenck vermutet, „daß von den Faktoren, die zu den individuellen Unterschieden in der Intelligenz beitragen, ungefähr 80 % erblich sind, 20 % umweltbedingt; mit anderen Worten, die Erbmasse ist viermal bedeutender als der Einfluß der Umwelt".[8] – Die Betonung der Anlage in bezug auf Intelligenz führt regelmäßig zu Kontroversen mit jenen, die dadurch Bildungsreform, politische Maßnahmen und pädagogische Bemühungen bedroht sehen.[9]

Tatsächlich räumt auch Eysenck ein, daß seine Zahlen keinen absoluten Wert haben, „da sie vollkommen von den sozialen und schulischen Verhältnissen des jeweiligen Landes abhängen"[10]: Bei einem Kind, dem die Möglichkeit der Bildung vorenthalten worden ist, mag die Bedeutung der (hindernden) Umwelt viel größer sein als bei einem in guten Verhältnissen aufgewachsenen. Untersuchungen der Intelligenzentwicklung bei Pflegekindern und Sonderschülern zeigten in der Regel die „intelligenz-aufschließende" Wirkung[11] einer gezielten Unterweisung und anregenden Umwelt.

Entscheidende Einsicht in die genetische Bedingtheit vieler Persönlichkeitsmerkmale gewann man aus der *Zwillingsforschung.* Die wissenschaftliche Fragestellung dieses Forschungszweiges lautet: Wie verhalten sich eineiige Zwillinge, bei denen dieselbe Anlage vorausgesetzt werden kann, wenn sie von früh an getrennt worden und in entgegengesetztem Milieu, unter entgegengesetzten Erziehungseinflüssen aufgewachsen sind? In welchen Eigenschaften zeigen sie immer noch geringere Unterschiede als gemeinsam aufgewachsene zweieiige Zwillinge, bei denen gleiches Milieu gegeben ist?

Als relativ umweltstabil, d. h. stark genetisch bedingt, erweisen sich nach K. Gottschaldt[12] die Tiefe und Ansprechbarkeit der Gefühlserregbarkeit, die Vitalspannung und Lebensgrundstimmung, aber auch die Intelligenz – und zwar im Hinblick auf die Kapazität des Denkvollzugs (Breite des Überblicks, Reichtum der Gesichtspunkte), auf die abstrakt-logische Höhe des Denkablaufs und sogar auf die intuitive Erfassung des Wesentlichen. Allerdings entwickelten sich bei den EZ-Partnern im Laufe des Lebens klare Unterschiede, vor allem in bezug auf Gesinnung und Werthaltung.

Aufgrund der Ergebnisse der Zwillingsforschung sowie der Ergebnisse der *Persönlichkeitsforschung* zu Konstanz und Variabilität von Persönlichkeitsmerkmalen[13] können unter pädagogischen Gesichtspunkten die Eigenschaften des Menschen in Gruppen eingeteilt werden[14]: (a) eine Gruppe umweltstabiler, d. h. stark genetisch bedingter Merkmale, deren Entfaltungsvorgang eher Reifung ist und weniger durch Umwelt- (bzw. Erziehungs-)Einflüsse oder persönliche Entscheidung verändert werden kann; (b) eine Gruppe umweltlabiler, d. h. stark umweltabhängiger Eigenschaften, deren Entfaltungsvorgang eher ein Lernen ist. Dazwischen könnte man eine Übergangsgruppe ansiedeln:

(1) eher umweltstabil: Körperliche Eigenschaften (morphologische und physiologische Gegebenheiten); Grad der Sinnestüchtigkeit; vitale Energiekapazität (Vitalspannung); seelisches Tempo und Reaktionszeit . . .

(2) Zwischengruppe:	Lebensgrundstimmung (Stimmungslage); Gefühlsansprechbarkeit (Ausmaß der Erregbarkeit und Tiefe des Gefühls); Intelligenz (Auffassungsbereich, Denkverlauf); Anstrengungsbereitschaft ...
(3) eher umweltabhängig:	Interessen, Werthaltungen, Gesinnungen, Weltanschauung ...

Angesichts dieser Gruppierung darf man jedoch nicht vergessen, daß die erste Gruppe durchaus eine Variationsbreite zuläßt, die durch Umwelteinfluß (z. B. Übung und Training) bestimmt wird, und daß die letzte Gruppe ohne genetisches Substrat ebenfalls nicht denkbar ist.

2.1.2 Umwelteinflüsse

Die vorgetragenen Ergebnisse zum Einfluß des genetischen Potentials zeigten bereits, daß menschliche Eigenschaften und Verhaltensweisen nicht nur von Anlage, sondern auch von Umwelteinflüssen abhängen. Der Vergleich von Individuen, Gruppen und Gesellschaften in unterschiedlichen Situationen bringt weiteres Beweismaterial. So prägen *natürliche* Umweltgegebenheiten (Landschaft, Klima, Ernährung ...) und *ökonomische* Verhältnisse (Vermögensverhältnisse, Qualität der Wohnung und des Wohnviertels ...) das Verhalten des Menschen.

Eingehend untersucht wurden die vielfältigen *sozialen* Einflüsse: die Familienverhältnisse (z. B. der Einfluß einer vollständigen bzw. unvollständigen Familie auf die Entwicklung eines Kindes), die Geschwisterkonstellation (man denke etwa an den diesbezüglichen Einfluß bei der Partnerwahl), die unmittelbaren Bezugsgruppen der Freunde und Berufskollegen (sie beeinflussen z. B. die persönlichen Normen, Wertvorstellungen, Interessen, die Art des Umgangs ...), die Schichtzugehörigkeit, die Siedlungsform (ob Stadt- oder Landkind ...) und ähnliches. Schließlich sei noch auf die *gesellschaftlichen* und *kulturellen* Verhältnisse hingewiesen: Gesellschaftssystem, herrschende Wertvorstellungen, Sitte und Brauchtum, politische und religiöse Überzeugungen ... All die aufgezählten Faktoren üben nachweislich einen Einfluß auf den Menschen aus, auf sein Denken, Wollen und Fühlen.

Allerdings muß die These vom Umwelteinfluß sehr differenziert betrachtet werden. Einmal hängt das Ergebnis der Einwirkung nicht nur von der Art, sondern auch von der Stärke, der Dauer und der Häufigkeit der Einwirkungen ab. Zum anderen darf nicht übersehen werden, daß die Umwelt jeweils entsprechend der subjektiven Gesamtverfassung des

Menschen wirkt. Insbesondere kommt es auf die kritische Auseinandersetzung mit den Einflüssen an. Es herrscht keine einseitige Determination, sondern in vieler Hinsicht eine Wechselwirkung zwischen Mensch und Umwelt, wobei die Komplexität des Verhältnisses durch die wechselseitige Abhängigkeit der Umweltfaktoren untereinander noch erhöht wird.

Aus der Vielzahl der Beweismöglichkeiten beschränken wir uns auf zwei Wissenschaftsdisziplinen, die für die pädagogische Praxis von besonderer Wichtigkeit sind: Sozialpsychologie und Kulturanthropologie.

Aus dem Bereich der *Sozialpsychologie* bieten sich die Forschungen zur Konformität an, um den Einfluß der Umwelt auf den Menschen nachzuweisen. Experimente von M. Sherif, Asch, Crutchfield sowie die inzwischen berühmt gewordenen „Gehorsamsexperimente" von Milgram[15] weisen nach, daß Gruppendruck ein Nachgeben des einzelnen bewirkt, das sich ohne Druck nicht zeigt. Das Ergebnis ist „Konformität", d. h. eine Veränderung des Verhaltens oder einer Überzeugung, einer Meinung, Einstellung, in Richtung auf Meinung, Verhalten, Zielgebung der Gruppe. Ob das konforme Verhalten Ergebnis des tatsächlichen oder des „nur" vorgestellten Gruppendrucks ist, bleibt eine zweitrangige Frage. – Das Ausmaß des angepaßten Verhaltens wird von der Situation der Gruppe und ihren Strukturelementen beeinflußt. So steigt mit zunehmender Mehrdeutigkeit, Unbestimmtheit und Schwierigkeit des Problems die Wahrscheinlichkeit, daß sich der einzelne dem Gruppenurteil anpaßt. Die Anpassungstendenz wächst ebenfalls, wenn die kooperative Leistung und kollektive Bedeutsamkeit gegenüber dem Zu-Beeinflussenden betont werden. Der Einfluß wächst schließlich mit der Höhe des Zusammenhalts und der Intimität der Gruppe. – Wohl jeder Mensch kann den Einfluß der für ihn „bedeutsamen anderen" (Familienangehörige, Freunde, Berufskollegen) an seiner eigenen Entwicklung beobachten: Allmählich wird er sich den Vorstellungen der Bezugsgruppe, etwa im Hinblick auf Arbeitstugenden (Fleiß, Solidarität, Pünktlichkeit) oder im Hinblick auf das Äußern politischer und weltanschaulicher Einstellungen, anpassen, wenn er nicht ständig negativen Sanktionen (Unverständnis, Belächeln, Spott oder gar Abbruch der sozialen Beziehungen) ausgesetzt sein will.

Aus dem Bereich der vergleichenden *Kulturanthropologie* (R. Benedict, M. Mead, A. Kardiner, R. Linton, E. Erikson, C. Kluckhohn u. a.) bieten die Forschungen zu den „Aufzuchtspraktiken" der Völker aufschlußreiches Material für die These, daß der Mensch Ergebnis seiner Umwelt, seines Geschlechts, speziell Ergebnis erzieherischer Einflüsse ist. Die bis jetzt vorliegenden Forschungsergebnisse lassen verschiedene Zusammenhänge vermuten: zwischen einer duldsamen, zärtlichen Erziehung des Kindes und einer großzügigen, optimistischen, freundlichen Lebenseinstellung des (späteren) Erwachsenen (z. B. bei den Arapesh auf Neu-Guinea oder Pithentera von Zentral-Australien); zwischen einer harten Behandlung des Kindes und einem arroganten, aggressiven, streitsamen Verhalten des Erwachsenen (Beispiele: Mundugumor auf Neu-Guinea, Normanby Islanders). – Freilich darf der Zusammenhang zwischen der Art der Pflegegewohnheiten (insbesondere dem System von Strafe und Belohnung) und dem späteren Charakter des Erwachsenen nicht monokausal gesehen werden: So werden die Negerkinder von St. Thomas (einer der Jungferninseln) oder die Navahokinder sehr freundlich und zärtlich behandelt; dennoch zeigen sie als Erwachsene eine Ängstlichkeit, die nicht aus den Erziehungspraktiken, sondern vermutlich aus den Schwierigkeiten ihrer Lebenssituation heraus zu erklären ist. – Außerdem muß beachtet werden, daß die Art der frühkindlichen Erziehung Teil des gesellschaftlichen Systems ist: Kinder, die freundlich aufgezogen werden, sind letztlich deshalb freundliche Erwachsene, weil sie auch als Jugendliche und Erwachsene unter freundlichen Erwachsenen leben. Ein Zuni-Indianer oder Hopi-Indianer (Neu-Mexiko) zeigt kooperatives Verhalten, weil in diesen Gesellschaften die selbstlose Teilnahme an den Belangen der Gemeinschaft hochgeschätzt und größter Wert auf Würde und Mäßigung gelegt wird; bei den Kwakiutl-Indianern (Vancouver-Inseln) herrscht dagegen Konkurrenzkampf; die Unterschiede dieser Kulturen lassen sich dabei nicht durch die Art der frühkindlichen Erziehung allein erklären, sondern nur als Ergebnis eines geschlossenen gesellschaftlichen Milieus.

Für den Erzieher ergibt sich im Anschluß an die dargelegten Erkenntnisse die Frage, bei welchen Umweltfaktoren angesetzt werden kann, um etwa ungünstige Charaktereigenschaften (aggressive Einstellungen, Eifersucht, Wettbewerbsverhalten und Profitstreben) in einer Gesellschaft zurückzudrängen. Ausgehend von K. Marx, der in seiner 6. Feuerbach-These das menschliche Wesen als „das ensemble der gesellschaftlichen Verhältnisse"[16] bezeichnet hat, glauben auch heutige Marxisten (z. B. E. Mandel), daß die Einführung des (wirtschaftlichen) Verteilungsprinzips nach dem Bedarf eine radikale Änderung des gesellschaftlichen Milieus hervorrufen wird, was wiederum sehr rasch zur Solidarität und Kooperation führen würde. Dieser Optimismus, durch Veränderung der wirtschaftlichen Produktionsverhältnisse allein schon Wettbewerb und Konflikt als Grundmerkmale menschlicher Beziehungen ausschalten zu können, ist bislang nicht zu begründen, auch nicht durch die Kenntnis sozialistischer Systeme und deren Mißerfolge in bezug auf die Entstehung des „neuen Sowjetmenschen". – Andere Marxisten (z. B. R. Garaudy oder S. Stojanovic) beziehen sich mehr auf die 3. These zu Feuerbach: „daß die Umstände von den Menschen verändert und der Erzieher selbst erzogen werden muß".[17] Der neue Mensch ist nicht allein *Produkt* einer neuen Gesellschaft

(aufgrund einer neuen Wirtschaftsstruktur), sondern er ist auch *Vorausset-zung* für die Funktionsfähigkeit einer neuen Gesellschaft.[18]
Der Wille, gesellschaftliche Bedingungen zu schaffen, unter denen sich der Charakter von Menschen günstig entwickelt, findet sich bei allen, die an einem menschlichen, kulturellen, sittlichen Fortschritt interessiert sind. P. R. Hofstätter sieht es geradezu als eine Aufgabe der Sozialwissenschaft an, „die Bedingungen abzuschätzen, unter denen sich der Charakter eines Volkes verändert".[19] – Die Suche nach dem „neuen Menschen" ist allerdings nicht nur ein Problem der Sozialtechnologie, d. h. des Herstellens günstiger Umweltbedingungen für menschliche Entwicklung, sondern letztlich eine Frage an die freie Selbstbestimmung und Selbstgestaltung des Menschen; denn wo könnte der Kreislauf zwischen dem gesellschaftlichen Gesamtsystem bzw. dessen Sub-Systemen (zu denen auch das Erziehungssystem zählt) sowie den daraus entstehenden Charaktereigenschaften, die wiederum das Gesamtsystem tragen und prägen, unterbrochen werden?

2.1.3 Der Mensch als Werk seiner selbst

Der Mensch ist nicht nur Ergebnis eines Reifungsprozesses, d. h. einer endogen programmierten, gesetzmäßig ablaufenden, biomechanischen Entwicklung; er ist nicht nur Ergebnis einer Prägung, d. h. eines Einschleifens von Verhaltensweisen und Einstellungen durch Erfahrungen in bestimmten Umweltsituationen; er ist auch das Ergebnis einer aktiven freien Selbstgestaltung. – Um den Aufweis der Freiheit leisten zu können, müssen freilich die engen methodischen Grenzen einer allein empirisch arbeitenden Wissenschaft durchbrochen werden. (Eine ausführliche Darstellung der Freiheitsproblematik im Hinblick auf Erziehung findet sich im Werk des Verfassers: „Zur Freiheit fähig?"[20].)
Im allgemeinen Sprachgebrauch versteht man heute unter Freiheit zunächst Handlungsfreiheit, d. h. jenen *Spielraum,* innerhalb dessen der Mensch tun und lassen kann, was er möchte – durch keinen äußeren Faktor gehindert oder gehemmt. Dem Spielraum der äußeren Situation entspricht im Menschen die *Spontaneität,* dem eigenen inneren Impuls folgen zu können. M. Schlick erklärt sich das Bewußtsein der Freiheit als das Wissen, „aus eigenen Wünschen heraus gehandelt zu haben. ‚Eigene Wünsche' aber, das sind solche, die aus der Gesetzmäßigkeit des eigenen Charakters in gegebener Situation entstehen und nicht durch äußere Gewalt . . . aufgedrängt werden."[21] – Ohne Zweifel kann der spontane Impuls subjektiv als Ausdruck der Freiheit erlebt werden. In Gruppendiskussionen, die der Verfasser durchführen konnte, stimmten viele dem Satz zu: „Ich fühle ein Stück Freiheit, wenn ich mich in einem System von Zwängen

wohl fühle, wenn ich etwas nicht als einengend empfinde, was mich in Wirklichkeit einengt." – Das Ungenügen dieses Begriffs wird jedoch deutlich, wenn – etwa in einem Konflikt – die engen Grenzen des Handlungsspielraums und der erlaubten Spontaneität bewußt werden, wenn die Wichtigkeit einer Frage im Hinblick auf Selbst- und Weltgestaltung den Menschen bewußt zögern läßt und unbekümmerte Spontaneität hindert.

Wir verstehen unter Freiheit als Selbstbestimmung (Selbstgestaltung) die Fähigkeit des Menschen, zwischen vorgegebenen Möglichkeiten zu wählen, ohne in dieser Wahl durch innere Faktoren (Anlage oder Umweltprägung) oder äußere völlig vorausbestimmt zu sein. Diese Fähigkeit setzt einige Bedingungen voraus, die erfüllt sein müssen:

(1) Es müssen dem Menschen wirklich *Alternativen* gegeben sein. Die Freiheit als „Einsicht in die Notwendigkeit" genügt nicht.

(2) Vor der Entscheidung stehend, muß der Mensch die *Offenheit* auf Sinn und Wert erreicht haben; sie kann als der eigentliche Grund freier Entscheidung gelten. Dies wird im wesentlichen auf zwei Wegen erreicht:

a) Die grundlegenden Bedürfnisse müssen hinreichend befriedigt sein, so daß im Wollen und Streben des Menschen sie nicht mehr vorherrschen, sondern in der Offenheit der Selbstverwirklichung „aufgehoben" sind.

b) Soweit die Bedürfnisse nicht völlig und ständig befriedigt werden können, muß dem Menschen durch Selbstbeherrschung die Kontrolle über Bedürfnisse und Interessen (in bezug auf ihre Unter- und Einordnung sowie hinsichtlich der Form und des Zeitpunktes ihrer Befriedigung) einigermaßen gelingen – selbstverständlich unter Berücksichtigung individueller und entwicklungsbedingter Unterschiede.

(3) Schließlich muß der Mensch auf dem Hintergrund der Offenheit für Sinn und Wert die zur Wahl stehenden Alternativen bewußt in ihrem Wert und Unwert, ihrer Begrenztheit erkennen können.

Ist solche Freiheit im menschlichen Leben überhaupt anzutreffen? Die deterministische These verneint es. Nach ihr ist die Person ein Resultat der Wechselwirkung zwischen Vererbung und Umgebung.[22] Dabei hat es den Anschein, als stünden auf Seiten des Determinismus die besseren Gründe. Die Behauptung der Möglichkeit freier Entscheidung muß sich gegen dieses Denken durchsetzen. In der heutigen Geisteslage scheint das kaum möglich zu sein; J. Hospers hat beobachtet, „daß wir desto eher geneigt sind, einen Menschen von Verantwortung freizusprechen, je gründlicher und genauer wir die Kausalfaktoren kennen, die ihn dazu bringen, sich so zu verhalten, wie er sich verhält"[23]. Wenn wir uns über jemanden ärgern, halten wir ihn noch für „schuldig"; sobald jedoch der Zorn verraucht ist, tut uns der Betreffende eher leid: „Wir möchten ihn nicht mehr persönlich verantwortlich machen; wir möchten eher der Natur oder seinen Eltern die Schuld dafür geben, daß sie ihm eine so unglückliche Konstitution oder ein so unglückliches Temperament mitgegeben haben."[24]

Nun gibt es gegen den Determinismus Einwände, welche die Frage nach der Entscheidungsfreiheit nicht zur Ruhe kommen lassen. Einmal zeigt sich, daß Kausalzusammenhänge deterministischer Art bei Untersuchungen sozialen Verhaltens eher die Ausnahme sind. Man spricht darum im Bereich der Human- und Sozialwissenschaften heute bescheidener von „Quasi-Gesetzen". Gerade in sehr komplexen Konfliktsituationen ist die Entscheidung eines Menschen mit Hilfe heutiger Erkenntnisse noch lange nicht durchschaubar und voraussagbar. W. L. Kell ist 151 Fällen heranwachsender Krimineller nachgegangen. In seiner empirischen Untersuchung fand er, daß sich deren Verhalten weder aufgrund des Familienklimas vorhersehen ließ, noch aufgrund der Erziehung, der Umgebung, der sozialen Situation, der kulturellen Einflüsse, der Vererbung oder der durchgemachten Erkrankungen.[25] – Ein weiterer Anlaß, das Problem der Entscheidungsfreiheit aufzugreifen, liegt in der Hoffnung vieler Menschen, den Kreislauf von Anlage, Umwelteinflüssen und eigenem Verhalten durchbrechen zu können. Frankl berichtet von Strafgefangenen, die es leid waren, wie hoffnungslose Fälle behandelt zu werden: „Die Psychologen fragen uns immer nach unserer Kindheit aus und nach all dem Schrecklichen, das es in der Vergangenheit gegeben hat. Immer die Vergangenheit – es ist nicht mehr auszuhalten – immer die Vergangenheit – sie drückt uns nieder wie ein Mühlstein, den wir mit uns herumschleppen."[26] Hier wird die praktische und pädagogische Bedeutung der Frage sichtbar: Sie beruht auf dem Einfluß, den die Selbstdeutung des Menschen auf die Selbstgestaltung ausübt. Wer nicht überzeugt ist von der Möglichkeit, in freier Entscheidung den Teufelskreis zwischen negativen frühkindlichen Erfahrungen und dissozialem Verhalten (mit sozialer und pädagogischer Hilfe) durchbrechen zu können, wird sich wohl auch nicht darum bemühen.

Für M. Schlick[27] ist das Problem der Willensfreiheit eine „Scheinfrage", die durch die Bemühungen einiger gescheiter Köpfe, besonders klar durch Hume, längst erledigt worden sei. Es ist für ihn „wirklich einer der größten Skandale der Philosophie, daß immer noch soviel Papier und Druckerschwärze an diese Sache verschwendet werden – gar nicht zu reden von dem Denkaufwand, der wichtigeren Fragen hätte zugewandt werden können (vorausgesetzt, daß er für solche ausgereicht hätte)." – Nun sei von vornherein zugegeben, daß der empirische Nachweis einer Entscheidungsfreiheit nicht zu führen ist.[28] Empirische Methoden helfen zwar bei

Teilfragen der Gesamtproblematik (z. B. bei einer Theorie der Handlungsfreiheit, bei der Untersuchung der Bedingungen des Grades der Handlungsfreiheit, bei einer Theorie der Entwicklung menschlichen Strebens sowie bei der Analyse der Grenzen freier Entscheidung). Der entscheidende Beweisgang beruht aber letztlich auf Introspektion: Quelle unserer Erkenntnis ist die Rückbesinnung auf die Erfahrung der Offenheit für Sinn und Wert sowie die Erfahrung des Abwägens in Entscheidungssituationen. Aus methodischen Gründen bleibt es darum immer schwierig, den Menschen als „Werk seiner selbst" darzustellen. Die These vom Menschen als „Werk der Natur und der Gesellschaft" ist leichter zu begründen, da die Einflüsse von Anlage und Umwelt empirisch abgesichert werden können, empirischen Verfahren aber heute besonderes Vertrauen geschenkt wird. Wenn die These von der Freiheit des Menschen – in kurzen Zügen – dennoch begründet wird, so geschieht dies aus der Erkenntnis heraus, daß in eine pädagogische Persönlichkeitstheorie nicht nur das aufgenommen werden kann, was mit Hilfe einer anerkannten Methode nachgewiesen werden könnte, sondern auch dasjenige, was von der Sache her nicht mehr empirisch völlig erreichbar, jedoch in praktisch-pädagogischer Sicht von nicht zu unterschätzender Bedeutung ist.

Im Leben eines Menschen ergeben sich immer wieder Situationen, in denen er sich zwischen verschiedenen Möglichkeiten entscheiden muß. Dabei stehen ihm unterschiedliche Verhaltensweisen offen, den Konflikt zu lösen: Er kann der Entscheidung ausweichen und andere für sich entscheiden lassen; er kann einen spontan-impulsiven Zugriff versuchen; beide Weisen haben noch nichts mit „freier" Entscheidung zu tun. Der Mensch kann schließlich versuchen, durch vernunftgemäßes Abwägen des Für und Wider der verschiedenen Wahlmöglichkeiten eine Entscheidung zu treffen. Die vernunftgemäße Entscheidung kann ein Abwägen und Beurteilen verschiedener Mittel und Wege zu einem bestimmten, nicht hinterfragten Ziel und Zweck sein: Solange eine eindeutige Zweck-Mittel-Relation vorliegt, in der manche Mittel „besser" sind als andere, braucht ebenfalls noch nicht von freier Entscheidung gesprochen zu werden. Erst wenn die Entscheidung auf dem Hintergrund einer „unendlichen Offenheit für Sinn und Wert" sich vollzieht, ist der eigentliche Grund der Freiheit gegeben. Wie kann diese Offenheit im menschlichen Leben erreicht werden?

Nach A. H. Maslow[29] lassen sich verschiedene Bedürfnisse und Interessen unterscheiden, die – sich anhäufend – hervordrängen:

(1) Grundlegend, vorrangig und zuerst vorhanden sind Bedürfnisse nach Nahrung, Kleidung, Unterkunft, Gesundheit, Fortpflanzung, Einkommen und Besitz.

(2) Sobald die primären Bedürfnisse einigermaßen befriedigt sind, drängt

als das Nächsthöhere das Bedürfnis nach Schutz, Sicherheit und Geborgenheit (bei anderen und durch andere) hervor.

(3) Wird ausreichend Sicherheit gefunden, strebt der Mensch nach Zugehörigkeit (zu Familie, zu einer Gemeinschaft), nach Zuneigung und Freundschaft; er sehnt sich danach, daß andere ihm zugetan sind, ihn lieben (womit noch nicht die personale Liebe erreicht ist, in der der Mensch auf andere zugeht).

(4) Schließlich drängt sich das Bedürfnis nach Ansehen und Geltung hervor. Der Mensch strebt nach gesellschaftlich anerkannter und geachteter Stellung, nach Erfolg und Unabhängigkeit.

(5) Als letzte Stufe, der Stufe der Entfaltung, strebt der Mensch nach „Selbstverwirklichung“. Auf dieser Stufe sind die übrigen aufgenommen und aufgehoben. Dieses „Aufgehobensein“ läßt sich in dreifacher Weise verstehen:

a) Voraufgehende Stufen sind durch Befriedigung der Bedürfnisse überwunden.

b) Das positive Streben der unteren Stufen ist jedoch bewahrt; zeigen sich Mängel, treten diese Bedürfnisse wieder hervor.

c) Das Streben des Menschen öffnet sich über die bisherigen Stufen hinaus zur Erfüllung des Lebenssinns, zur Einheit von Denken, Glauben und Handeln. Aus der Hinordnung auf die Befriedigung begrenzter Bedürfnisse wird das Streben nach Sinn und Wert.

Die Entwicklung zur Öffnung und Entfaltung menschlichen Strebens zeigt die folgende Skizze:

                                     ● Bedürfnis nach
                                         Selbstverwirklichung
                                         und Selbstgestaltung

                            ● Bedürfnis nach
                              Ansehen und Geltung

                 ● Bedürfnis nach
                 Liebe

          ● Bedürfnis nach
          Sicherheit

● Biologische
  Bedürfnisse

⊢───➤

Säugling   Kindheit   Übergang in das
                                                                  Jugendalter

Die Reihenfolge und damit der Zeitpunkt, an dem die verschiedenen Bedürfnisse ihren Höhepunkt haben (ohne dann nie mehr völlig zu verschwinden), brauchen nicht zu genau genommen zu werden. Künftige Forschungen werden wahrscheinlich dieses Modell noch verbessern. Entscheidend ist die Erkenntnis, daß das Streben des Menschen eine wachsende Offenheit zeigt. Auf dem Höhepunkt ist schließlich eine Offenheit für Sinn und Wert erreicht, durch welche freie Entscheidung insofern ermöglicht wird, als *begrenzte* Wahlmöglichkeiten zu dieser *„unendlichen"* Offenheit nicht mehr in einer Zweck-Mittel-Relation stehen. Der Mensch unterliegt nicht mehr dem Druck der Befriedigung begrenzter Bedürfnisse; es eröffnet sich ihm grundsätzlich die *Möglichkeit,* eine Entscheidungsalternative und die dafür sprechenden Gründe bzw. Motive auf ihren Sinn und sittlichen Wert zu hinterfragen.

V. E. Frankl[30] hat empirische Fakten vorgelegt, um das fundamental-anthropologische Faktum aufzuzeigen, daß „menschliches Dasein immer auf etwas verweist, das nicht wieder es selbst ist": (1) Er verweist auf Studenten, die Selbstmord versucht hatten, obgleich sie sich in einem ausgezeichneten Gesundheitszustand befanden, am gesellschaftlichen Leben aktiv engagiert waren, hinsichtlich ihres Studiums hervorragend abgeschnitten hatten und mit ihrer Familie in gutem Einvernehmen lebten – kurz: deren wichtigsten Bedürfnisse erfüllt schienen; 85 % von ihnen litten jedoch an einem Gefühl der Sinnlosigkeit. – (2) Bei Drogenabhängigen ließ sich zeigen, daß der Grad der existentiellen Frustration (Gefühl der Sinnleere) signifikant mit dem Drogenmißbrauch zusammenging. Entsprechend hoch lag der logotherapeutische Heilungserfolg (Hilfe bei der Sinnfindung). – (3) Auch zwischen Alkoholismus und dem Gefühl der Sinnlosigkeit besteht ein enger Zusammenhang. – (4) Schließlich referiert Frankl, daß Kriminalität und Lebenssinn in einem umgekehrt proportionalen Verhältnis zueinander stehen. – Was ist nun die „Bedingung der Möglichkeit" all dieser vorgetragenen Fälle? Wie ist es möglich, daß ein Mensch ohne ersichtlichen psychophysischen oder sozioökonomischen Grund aus dem Gefühl der Sinnlosigkeit heraus z. B. Selbstmord verübt? Der Mensch muß wohl offen sein für Sinn und Wert und vom „Willen zum Sinn"[31] durchdrungen sein. Nach Frankl wird dieser Sinn in der Selbsttranszendenz gefunden: In der Hingabe an eine Aufgabe oder in der Liebe zu einem anderen Menschen geht der Mensch über sich hinaus. Sofern der Mensch offen ist für Sinn und Wert, nicht mehr völlig gebunden an die Befriedigung begrenzter Bedürfnisse, ist er auch fähig zu freier Entscheidung (über die konkrete Entscheidungsrichtung ist damit noch nichts ausgemacht). Die Offenheit ist der Hintergrund, auf dem sich der Mensch frei für diese oder jene Möglichkeit entscheidet.

Daß der Mensch zu freier Entscheidung fähig sein kann, ist nicht erst

Erkenntnis unserer Zeit, sondern alte Menschheitserfahrung. Die Überlegungen der Philosophen der Antike und des Mittelalters zu Glück und Lebenssinn des Menschen und seiner Freiheit führen bis in unser heutiges Philosophieren und Denken – etwa im Umkreis der Christlichen Philosophie, der Existenzphilosophie und der Humanistischen Psychologie (C. Rogers, Ch. Bühler, A. Maslow, K. Goldstein, K. Horney, E. Fromm, E. Erikson, H. Thomae u. a.), die ihre Nähe zur modernen Philosophie (bis in die Begriffe hinein) klar erkennt.[32] Freilich kommen nicht alle zur gleichen Antwort.

Was mit der wachsenden Offenheit gemeint ist, kann an einem Beispiel aus der pädagogischen Praxis illustriert werden: Ein Erzieher wird in seinem Beruf im allgemeinen auch Einkommen, Sicherheit und Ansehen suchen. Sind diese Bedürfnisse und Interessen hinreichend erfüllt (bzw. soweit noch „Reste" an Defiziten gegeben sind: hinreichend unter Kontrolle), öffnet sich die Möglichkeit personaler Zuwendung zu den Zu-Erziehenden. Er steht bei notwendigen pädagogischen Entscheidungen nicht mehr unter dem inneren Druck der Frage: Was nutzt *mir* diese oder jene Entscheidung? Wie erlange *ich* dadurch von den anderen Zuwendung und Achtung? Er ist hinreichend frei von diesen drängenden Bedürfnissen, um seine Arbeit z. B. als personalen Dienst für andere zu verstehen und entsprechend zu entscheiden (natürlich hat er die Freiheit, sich für „Eigennutz" zu entscheiden).

Ob eine pädagogische Handlung aus dem Bedürfnis nach Zuwendung und gesellschaftlichem Ansehen erfolgt oder ob der Erzieher jene Offenheit (aufgrund hinreichender Bedürfnisbefriedigung und Selbstkontrolle) erreicht, in der freies Entscheiden erst möglich wird, kann der Beobachter von außen nicht feststellen; dies bleibt nur dem Entscheidenden selbst zugänglich. Der jedoch wird nicht ohne weiteres darauf eigens achten; denn eine Entscheidung als frei zu erkennen, erfordert besondere Rückbesinnung auf die zugrundeliegenden Motive des Handelns. Meist sind aber die Entscheidungssituationen sehr drängend und mit seelischer Anspannung verbunden. Selbst nach der Entscheidung tritt selten jene seelische Entspannung ein, die zu einer besinnlichen Reflexion einladen könnte: Zweifel an der Richtigkeit der Wahl, Bedauern über die verworfene Möglichkeit bringen wiederum Spannung, so daß sich der Betroffene kaum die Frage stellen wird, ob die Entscheidung eine echte Selbst-Bestimmung war oder nicht. Man kann durchaus frei entscheiden, ohne sich seiner Freiheit unmittelbar bewußt zu sein.

Die Möglichkeiten der Rückbesinnung müssen allerdings insgesamt sehr bescheiden veranschlagt werden. Schopenhauer hat schon geltend gemacht, daß das Selbstbewußtsein eigentlich ungeeignet ist, über die kausale Bedingtheit oder Nichtbedingtheit des eigenen Wollens Aufschluß zu geben. Denn die Bedingungen, von denen eine Entscheidung abhängen kann, müssen nicht notwendig ins Bewußtsein treten; sie können durchaus im Unbewußten oder Unterbewußten bleiben und sich der Introspektion entziehen. Vor allem S. Freud und K. Marx haben auf grundlegende Bedürfnisse und Interessen hingewiesen (Sexualität, Streben nach Besitz und Macht sowie deren Erhaltung), die als unbewußte Kräfte das bewußte Leben des Menschen prägen. Auf der anderen Seite glauben aber beide an die Kraft der Vernunft und an die befreiende Wirkung der Einsicht. Für Freud liegt der entscheidende Wendepunkt zur Gesundung dort, wo dem Patienten die Einsicht in die verursachenden Zusammenhänge seiner Krankheit gelingt. Und auch Marx glaubt an die Überwindung des falschen Bewußtseins (im revolutionären), so daß der Mensch nicht nur Produkt, sondern Produzent der Gesellschaft ist.

Die Freiheit des Menschen ist nicht einfach mit dem Menschsein gegeben; sie ist das Ergebnis eines langen Reife- und Lernprozesses. Vermutlich wird erst in der Jugendzeit die Stufe bewußter Selbstbestimmung erreicht. – Wahrscheinlich sind freie Entscheidungen im Leben eines Menschen sogar sehr selten. Denn allzu deutlich zeigen sich die Grenzen: Der Raum möglicher Alternativen ist eingeschränkt oder überhaupt nicht gegeben; Gründe für oder gegen eine Entscheidung werden kaum oder überhaupt nicht erwogen; grundlegende Bedürfnisse und Interessen sind nicht hinreichend befriedigt und/oder nicht unter Kontrolle (wobei die Möglichkeit der Selbstdisziplin unter Beachtung individueller und entwicklungspsychologischer Unterschiede sehr bescheiden eingeschätzt werden muß); unbewußte Kräfte schränken die Freiheit ein oder verhindern sie . . . Von diesen Grenzen her können auch die statistischen Gesetzmäßigkeiten im menschlichen Verhalten durchaus verstanden werden, ja, sind sogar zu erwarten. – Die angesprochenen Grenzen der Freiheit nehmen jedoch nicht die grundsätzliche Möglichkeit freier Entscheidung, so daß der Mensch nicht nur als Werk der Natur und Gesellschaft, sondern durchaus auch als Werk seiner selbst betrachtet werden darf.

Sofern eine pädagogische Persönlichkeitstheorie die Freiheit des Menschen ernst nimmt, ergibt sich daraus eine Reihe wichtiger Konsequenzen. Als erstes stellt sich die Frage, ob die aufgezeigte Freiheit, da sie Ergebnis eines langen Reife- und Lernprozesses ist, als *Ziel* der Erziehung angestrebt werden soll; sie ist ja mit dem Menschsein nur der *Möglichkeit* nach gegeben und bedarf der Entwicklung. Soll sich Erziehung darum bemühen, den Menschen zur Fähigkeit freier Entscheidung zu führen? Mit dieser Frage wird deutlich, wie folgerichtig aus realanthropologischen Überlegungen sinnanthropologische folgen. – Eine weitere pädagogische Konsequenz ist, daß Erziehung an der freien Entscheidung des Zu-Erziehenden ihre Grenzen findet, oft nur noch „Angebote" machen kann und hoffen muß, daß diese aufgegriffen werden; Fremderziehung geht allmählich in Selbsterziehung über; eine Auffassung, nach der Erziehung durchgehend Sozialtechnologie sein könnte, ist nach der vorliegenden Persönlichkeitstheorie letztlich nicht möglich.

Schließlich sei auf eine letzte Konsequenz aufmerksam gemacht: Freiheit ist ein Vermögen zum „Guten und Bösen" (F. W. Schelling); es gibt „gute Wähler und schlechte Wähler"[33]. Damit ist nicht die Art und Weise der Wahl gemeint, die Entschlußfähigkeit und Festigkeit, sondern die *inhaltliche Richtung* der Wahl. Die freie Entscheidung als solche, ohne Rücksicht auf die gewählte Entscheidungsalternative, bedeutet keineswegs ohne weiteres Selbstverwirklichung; sie kann eine ethische *Fehl*-Entscheidung sein. Aufgrund der Möglichkeit freier Entscheidung sowie der Nicht-Beliebigkeit der Entscheidungsrichtung bekommen sinnanthropologische Überlegungen auch in der Pädagogik erst ihre Dringlichkeit.

2.2 Anthropologie der Individualität

Aus den Faktoren menschlichen Werdens (Anlage, Umwelt und freie Entscheidung) läßt sich einsichtig machen, daß jeder Mensch einzigartig und einmalig ist. Individualität, historische Einmaligkeit sind ein Hauptmerkmal der Persönlichkeit.

(1) Die Vererbung setzt bereits auf Individualität, weil sie mit Neukombinationen spielt. Jede Zelle enthält 46 Chromosomen bzw. 23 Paare; bei der Reifeteilung (Meiose) werden die Paare in zufälliger Auswahl getrennt; bedenkt man, daß ein Chromosom mit ca. 40–70 000 Genen bepackt ist, wird ersichtlich, „daß schon die leibliche Einmaligkeit . . . nicht zu bezweifeln ist"[34]. – Es läßt sich weiterhin nachweisen, daß sich die Menschen biochemisch unterscheiden: So ist die Variation der Größe und des Gewichts der Drüsen von Mensch zu Mensch recht groß. Da die Sekretion der Drüsen auf Temperament, auf den Ablauf des Wachstums und auf die Motivation eine tiefe Wirkung hat, erscheint die Besonderheit auch aus physiologischen Gründen durchaus plausibel.[35]

(2) Die Einzigartigkeit ist weiterhin durch die vielfältigen Umwelteinflüsse bedingt. Je älter der Mensch wird, d. h., je mehr Einflüssen er ausgesetzt war, desto einzigartiger ist er.[36] Die individualisierende Wirkung der Umwelt wird einsichtig, wenn man die Vielfalt der unterschiedlichen sozialen Bezüge und Strukturen, denen der Mensch ausgesetzt ist, ins Auge faßt: Familie und ihre Atmosphäre, Geschwisterkonstellation, Einflüsse der Verwandten, Familientraditionen; Freunde und Bekannte mit ihren Besonderheiten; berufliche Einflüsse; wirtschaftliche, gesellschaftliche und

kulturelle Verhältnisse in ihrem dynamischen Auf und Ab; Einflüsse des Wohnviertels . . . Es ist überhaupt nicht zu erwarten, daß jemand eine genau gleiche Umwelt wie ein anderer erlebt oder die genau gleichen Erfahrungen wie irgendein anderer macht. Selbst eineiige Zwillinge werden nicht immer die gleichen Erlebnisse haben: Sie werden nach aller Erfahrung nicht immer dieselben Wege gehen, dieselben Menschen treffen, von den Menschen in gleicher Weise behandelt . . .

(3) Die tiefste individualisierende Wirkung wird vermutlich durch freie personale Entscheidung erreicht, durch die der Mensch in eigener Verantwortung sich und seine Umwelt gestaltet.

Der Mensch ist eine *Ganzheit,* eine Struktur und innere Einheit, in der „alles mit allem" mehr oder minder eng zusammenhängt. Darum kann die Individualität der Persönlichkeit nicht einfach als Summe der verschiedenen Abweichungen aufgefaßt werden, wie manche Persönlichkeitstheorien, insbesondere diagnostische Modelle es nahelegen. Die einzelnen Persönlichkeitsmerkmale stehen in wechselseitiger Abhängigkeit, so daß sich jede Besonderheit auf die anderen wiederum auswirkt und deren Besonderheit verstärkt. Auf diese Weise entsteht die Persönlichkeit als einzigartige Gestalt.

Welche Folgerungen ergeben sich daraus für die Erziehung? Zunächst wird ersichtlich, daß eine pädagogische Persönlichkeitstheorie sich nicht auf Aussagen über den Menschen schlechthin beschränken kann, sondern sich für eine Anthropologie der Individualität, für eine *differentielle* Anthropologie öffnen muß. Dabei wäre eine rein quantitative Erfassung isolierter Persönlichkeitsmerkmale ungenügend. Gerade im pädagogischen Handeln wird die Bedeutung des *idiographischen* Ansatzes in der Persönlichkeitsbeschreibung gegenüber dem nomothetischen deutlich. Der nomothetische Ansatz unternimmt es, übergreifende Gesetzlichkeiten zu finden, die für alle Menschen gelten. Der einzelne Mensch wird eher als Schnittpunkt verschiedener quantitativer Variabeln gesehen; er gilt als erfaßt, wenn der durchschnittliche Ausprägungsgrad oder die Position (der beobachtbaren Persönlichkeitszüge) in bezug auf die Gesamtpopulation erfaßt ist.[37] Nun ist der Mensch in seiner historischen Einmaligkeit nicht nur Schnittpunkt verschiedener quantitativer Persönlichkeitsmerkmale; darin gründen sich die Berechtigung und Notwendigkeit des idiographischen Verfahrens, das den einzelnen zu verstehen und in differenzierter Sprache zu beschreiben versucht.[38] Freilich ist es weder üblich noch möglich, die Gesamtpersönlichkeit zu erfassen. Irgendwann kommt die abstrakte Sprache an ihre Grenze: individuum est ineffabile.

Aus der Beachtung der Individualität der Persönlichkeit folgt, was die Freiheit schon nahelegt: Daß Erziehung nie Sozialtechnologie sein kann, die ihre Berechtigung aus allgemein gültigen Gesetzen herleitet. Die

Menschen gleichen sich untereinander nicht wie Maschinen, bei deren Behandlung (Bedienung und Reparatur) individuelle Unterschiede vernachlässigt werden können. Erziehungswissenschaftliche Gesetzmäßigkeiten behalten durchaus ihren Zweck und ihre Brauchbarkeit; aber sie genügen nicht; denn letztlich nimmt jede Erziehung einen individuellen Gang.[39] Dies gilt selbstverständlich auch für sinnanthropologische Überlegungen im Hinblick auf den einmaligen Menschen: Abstrakte Wertformulierungen erhalten ihre besondere konkrete Gestalt erst im Leben des einzelnen.

3 Grundzüge einer Theorie sinnanthropologischer Aussagen

Erzieherisches Handeln ist ein Handeln nach Zielen – unter Berücksichtigung der Gegebenheiten. Nachdem das voraufgegangene Kapitel in groben Zügen die realen Ausgangsbedingungen, die Grenzen und Möglichkeiten der Erziehung skizziert hat, stellt sich nun die Frage nach den Zielen und ihre Begründung. Um das erziehungsphilosophische Begründungsverfahren fest an die pädagogische Wirklichkeit zurückzubinden, wird in den folgenden Überlegungen der Versuch einer Theorie der Zielvorstellungen unternommen; empirisch erhobene Daten zu Erziehungszielen, Zielkomplexen (Sinn-Anthropologien) werden in einen systematischen Zusammenhang gebracht. Diese erziehungs-*wissenschaftliche* Theorie verhilft zu größerer Klarheit über den Gegenstand des erziehungs-*philosophischen* Begründungsverfahrens.

3.1 Anthropologische und situativ-strukturelle Werte

Erziehung bleibt als Teilsystem eingebettet in das Gesamtsystem unseres privaten und gesellschaftlichen Lebens. Darum stehen ihre Ziele in Zusammenhang mit der Sinngebung menschlichen Lebens überhaupt. Es ist deshalb notwendig, auf jenen Sinn zu reflektieren, den Menschen ihrem Leben geben.

Bei einer Umfrage[1] in einer europäischen Großstadt und ihrer Umgebung wurde einer repräsentativen Anzahl von Personen die Frage gestellt: „Könnten Sie mir sagen, ob es für Sie persönlich etwas so Wertvolles gibt, daß Sie es als sinngebend für Ihr Leben bezeichnen würden, und wenn, könnten Sie diesen Sinn Ihres Lebens in wenigen Worten ausdrücken?" Die Sinn-Antworten seien in der Reihenfolge ihrer Häufigkeit (Mehrfachnennungen waren möglich) wiedergegeben:

1) Menschen finden den Sinn ihres Lebens in einem angenehmen, friedlichen Leben ohne große Schwierigkeiten mit hinreichendem finanziellem Rückhalt;
2) sie finden ihren Sinn darin, bestimmte Vorstellungen, wie sie gern sein möchten und womit sie gern Erfolg hätten, zu verwirklichen;
3) sie sehen den Sinn in der Geborgenheit eines Heimes, im Kreis der Familie und darin, auch den Kindern eine entsprechende Basis zu schaffen;

4) sie finden Sinn in der beruflichen Arbeit;
5) sie finden Sinn in vielfältigen und angenehmen Beziehungen zu anderen Menschen;
6) sie finden Sinn in der intensiven Beschäftigung mit einem Fachgebiet, das sie besonders interessiert;
7) sie finden Sinn und Freude im Kunstgenuß und der Naturbetrachtung;
8) sie finden Sinn in einer religiösen oder politischen Aufgabe;
9) sie finden schließlich Sinn in der Bewältigung von Schicksalsschlägen.

Die Gemeinsamkeit all dieser Sinn-Antworten liegt u. E. darin, daß in jedem Fall Sinn und Wert in der Erfüllung existenzieller menschlicher Bedürfnisse gesehen wird: Befriedigung primärer materieller, biologischer sowie der Sicherheitsbedürfnisse in einem angenehmen friedlichen Leben mit hinreichendem finanziellem Rückhalt; Befriedigung des Bedürfnisses nach Geborgenheit und Bestätigung in der Geborgenheit der Familie und in der Beziehung zu Freunden; Befriedigung des Strebens nach Ansehen und Erfolg in Beruf und sozialen Verpflichtungen; schließlich Befriedigung des Strebens nach Selbstverwirklichung und Selbstentfaltung in der Arbeit für die Kinder, in einer politischen und religiösen Aufgabe und in Erlebniswerten der Kunst und Natur . . . Aus der Vielfalt der Antworten läßt sich ein umfassender *anthropologischer Zentral-Wert* ableiten: Sinn findet der Mensch in der Erfüllung seiner Bedürfnisse und Strebungen, die letztlich in der Selbstverwirklichung gipfelt (Selbst-Erhaltung → Selbst-Entfaltung).

Als *Bedingungen* und Voraussetzungen der Erfüllung werden situative Gegebenheiten aufgezählt: finanzieller Rückhalt, Friede, Familie, Beruf, soziale freundschaftliche Beziehungen, Kunst und Natur . . . Die Erreichung des anthropologischen Zentralwertes ist an solche *situativ-strukturelle Wertgüter* gebunden.

In der Geschichte der Philosophie stimmen die ethischen Lehren in dem Bestand an Gütern weithin überein; sie unterscheiden sich aber sehr wohl hinsichtlich der *Rangfolge* sowie der Präzisierung des „Höchsten Gutes".[2] Die Umfrageergebnisse offenbaren nun für den heutigen Durchschnitt eine Antwort auf die Frage nach der Rangfolge der Güter. Danach läßt sich feststellen, daß für den Durchschnitt das höchste Gut nicht in der sich selbst genügenden (philosophischen) Kontemplation liegt, wie dies Aristoteles in der Nikomachischen Ethik oder in ähnlicher Weise Epikur und Seneca gefordert haben. Das Glück liegt für die meisten auch nicht in erster Linie – und wenn, dann eben nicht nur – in den „Freuden menschlichen Umgangs und im Genießen schöner Dinge", wie es G. E. Moore zu begründen versuchte.[3] Nach den Durchschnittszahlen liegt Sinn (und damit Glück) in einem angenehmen, friedlichen, finanziell gesicherten Leben; die Freuden menschlichen Umgangs stehen erst an 3. (Familie) oder 5. Stelle (freundschaftliche Beziehungen); das Genießen schöner Gegenstände steht in der zitierten Befragung gar an 7. Stelle.

Selbstverständlich ist mit Druchschnittszahlen noch nichts über die Wertung jedes einzelnen ausgesagt. Vor allem aber ist noch kein Urteil über die „ethische Rechtfertigung" dieser Rangfolge abgegeben. Untersuchungen bei Jugendlichen brachten grundsätzlich ähnliche Resultate. Eine Umfrage unter jungen Franzosen zwischen 16 und 24 Jahren nach den „wesentlichen Werten" in ihrem Leben ergab folgendes Bild: 79 % (der Mehrfachnennungen) fielen auf Gesundheit, 58 % auf Geld, 46 % auf Liebe (der Geschlechter) ... Nicht viel anders lautet das Ergebnis einer repräsentativen Befragung von 14–16jährigen im Bezirk Dresden (DDR) nach dem „Wichtigsten und Entscheidenden für die nächsten Jahre"[4]: An der Spitze stand das Fortkommen im Beruf; es folgte der Komplex der Liebe, Ehe, Familie (bei Mädchen stärker als bei Jungen); danach standen Freizeit, Kunst, Literatur; die nächste Gruppe von Wertgütern enthielt Anschaffungen, Wohnung, Reisen ...

Die Ergebnisse lassen sich in zweifacher Hinsicht auswerten: (a) Im Hintergrund der Wertangaben ist die Erwartung zu vermuten, daß durch die genannten Wertgüter grundlegende Bedürfnisse befriedigt werden; alles zielt letztlich auf den anthropologischen Zentralwert einer Erfüllung durch die Befriedigung der Bedürfnisse und Strebungen. (b) Die Erfüllung (Selbstverwirklichung) ihrerseits wird im Gewinn situativ-struktureller Wertgüter gesehen.

Es gibt Umfragen zum Wertsystem der Menschen, die neben dem anthropologischen Zentralwert und den situativ-strukturellen Wertgütern eine neue Gruppe von Werten erwähnen. Eine sehr breit angelegte Untersuchung zum Wertsystem der deutschen Katholiken[5] brachte folgende Reihenfolge der am häufigsten genannten Werte (Mehrfachnennungen waren möglich):

1. daß der Friede erhalten bleibt;
2. in geordneten Verhältnissen leben;
3. bei Schicksalsschlägen den Mut nicht sinken lassen;
4. ein guter Mensch sein;
5. genug Selbstvertrauen haben;
6. Menschen helfen, die in Not geraten;
7. immer eine Aufgabe haben, die mich ausfüllt;
8. möglichst frei und unabhängig sein;
9. ganz für die Familie dasein, das Familienleben über den Beruf stellen;
10. Verständnis für andere haben;
11. soziale Gerechtigkeit, Verringerung der Einkommensunterschiede;
12. das Leben tapfer anpacken ...

Auch in diesen Antworten zeigt sich, daß strukturelle Gegebenheiten und deren Gestaltung als Wert gesehen werden: Friede, geordnete Verhältnisse, Freiheit als Handlungsspielraum, Familie, soziale Gerechtigkeit (als politische, besonders ökonomische Struktur). . . Daneben steht jedoch eine große Gruppe psychischer Dispositionen, Charaktereigenschaften, die für wichtig und wertvoll gehalten werden: Zuversicht, Selbstvertrauen, Hilfsbereitschaft, Verständnisbereitschaft, Tapferkeit . . . Da diese Eigenschaften nicht Merkmale oder Gegebenheiten der die Person umgebenden Situation sind, sondern Eigenschaften, Haltungen der *Person selbst*, nennen wir sie *anthropologische Werte*.

In welcher Beziehung stehen die anthropologischen Werte zum anthropologischen Zentralwert und den situativ-strukturellen Werten? Eine von der Ethik der Stoa geprägte Einstellung könnte in der Erfüllung der anthropologischen Wertforderungen wie Tapferkeit oder Unerschütterlichkeit bei Schicksalsschlägen den zentralen Wert sehen. Für den Stoiker liegt das Glück nicht in der Befriedigung von Bedürfnissen und Strebungen, sondern in der Befolgung der Pflicht um ihrer selbst willen. Damit ist der anthropologische Zentralwert gleichgesetzt mit den „Tugenden", mit wertvollen Charaktereigenschaften:

anthropologischer Zentral-Wert (Selbst-Erhaltung → Selbst-Gestaltung) = Verwirklichung wertvoller Charaktereigenschaften (Tugenden).

Nun sind anthropologische Werte zugleich soziale Rollen mit hohem Prestige.[6] Bestimmte Persönlichkeitszüge wie Hilfsbereitschaft, Bereitschaft zur Zusammenarbeit, Höflichkeit, Gelassenheit, Zuverlässigkeit und ähnliches verschaffen einem Menschen Ansehen, hohen sozialen Status.[7] Das Bedürfnis nach freundschaftlichen sozialen Beziehungen und nach gesellschaftlichem Ansehen würde somit erfüllt. Insofern erhalten anthropologische Werte einen gewissen *Mittel*-Charakter im Hinblick auf das soziale Umfeld, in dem sie stehen, und über dieses wieder im Hinblick auf den anthropologischen Zentralwert die glückbringende Erfüllung, die weithin von den Gegebenheiten der Situation, den situativ-strukturellen Wertgütern abhängt:

anthropologischer Zentral-Wert
↑
situativ-strukturelle Wertgüter
↑
anthropologische Werte
(Eigenschaften, Haltungen, Tugenden der Person)

Die Tatsache, daß sich die verschiedenen Sinn- und Wertvorstellungen auf einen letzten anthropologischen Zentralwert beziehen, spiegelt sich auch im Grundgesetz der BRD wider – als dem vermuteten gemeinsamen Wertkonsens. Die Verfassung beginnt bewußt nicht mit einer „Staatszwecklehre", sondern (in Art. 1, Abs. 1 GG) mit einem fundamentalen anthropologischen Satz: „Die Würde des Menschen ist unantastbar. Sie zu achten und zu schützen ist Verpflichtung aller staatlichen Gewalt . . ." Der gesamte Artikel 1 GG war den Gesetzgebern so grundlegend, daß er (in Art. 79, Abs. 3 GG) mit einer Bestandsgarantie (zusammen mit Art. 20 GG) versehen worden ist. Die Würde des Menschen erscheint als zentraler Grundwert, auf den sich alle anderen beziehen: Die im Grundgesetz niedergelegten weiteren Grundrechte können durchaus auch als Ermöglichung der Entfaltung der Persönlichkeit betrachtet werden. Sie sind zusammen mit weiteren Prinzipien, Rechtssätzen, Institutionen[8], wirtschaftlichen, sozialen, kulturellen und natürlichen Gütern Mittel und Voraussetzung der Erfüllung, d. h. der Erhaltung, Gestaltung und Entfaltung[9] menschlichen Lebens. Allerdings sind sie so wenig mit dem „Glück" des Menschen gleichzusetzen, wie die Person selbst nicht mit ihnen identisch ist.

Die anthropologischen Werte, besonders Haltungen (Gesinnungen)[10], sind Merkmale der Persönlichkeit; insofern können sie mit dem „Glück" des Menschen identisch sein oder zumindest eines seiner Elemente sein. Beispielsweise kann jemand bei Schicksalsschlägen in der Haltung einer gläubigen Zuversicht den entscheidenden Sinn seines Lebens entdecken. Haltungen können aber auch in eine Mittelbeziehung zum anthropologischen Zentralwert und zu den situativ-strukturellen Wertgütern treten: ohne Hilfsbereitschaft keine Freunde, ohne Ausdauer keinen beruflichen Erfolg, ohne Selbstbeherrschung keinen Frieden mit dem Nachbarn . . . Andererseits weiß man auch, daß von niemandem ein „tugendhaftes" Leben erwartet werden kann, wenn nicht wesentliche Umweltbedingungen als Voraussetzung bereitgestellt sind: keine Sparsamkeit oder Großzügigkeit ohne entsprechende finanzielle Güter, keine Glaubenszuversicht ohne ein annehmbares Glaubenssystem . . .:

anthropologischer Zentral-Wert

↑

anthropologische Werte (Werthaltungen, Tugenden)

↑ ↓

situativ-strukturelle Wertgüter

Aus der Analyse ergibt sich insgesamt folgende Beziehungsstruktur:

anthropologischer Zentralwert =/← anthropologische Werte

↑ ↑↓

situativ-strukturelle Wertgüter

Was folgt aus den analysierten Unterscheidungen und Beziehungen für die erzieherische Praxis? Die Ziele der Erziehung werden – als Teilsystem menschlichen Handelns überhaupt – in engem Zusammenhang stehen zum anthropologischen Zentralwert und zu den übrigen anthropologischen Werten. Sie können unmittelbar als *„Ideale"*[11] für den Zu-Erziehenden genommen werden: Sie drücken aus, wie der Mensch sein soll; will man mit ihnen noch keine Sollensforderung verbinden, so drücken sie zumindest *wertvolle Möglichkeiten* des Menschseins aus. Natürlich sind es im allgemeinen „Fernziele"[12], Richtziele, die in bezug auf die Einmaligkeit der Person eine „Verbesonderung"[13] erfahren müssen und deren Bedingungen der Verwirklichung erst noch konkretisiert werden müssen (vgl. 3.3).

Aufgrund der Abhängigkeiten zwischen anthropologischen und situativ-strukturellen Werten erhebt sich die Frage, ob auch letztere Ziele des erzieherischen Handelns sein können. Sofern sie notwendige Voraussetzungen, Mittel zur Erreichung der anthropologischen Werte sind, müssen sie ganz sicher in den erzieherischen Prozeß einbezogen werden. Zu bedenken ist dabei jedoch, daß es zwar klare Beziehungen zwischen Politik und Wirtschaft auf der einen und dem Erreichen der anthropologischen Ideale auf der anderen Seite gibt, daß aber der Pädagoge in einer Gesellschaft mit Aufgabenteilung nicht auch Politiker oder Wirtschaftsmanager sein kann und sein soll. Aus der Tradition und der gegenwärtigen Aufgabenteilung der Professionen heraus sind dem Erzieher als „seine Ziele" die als wertvoll erkannten psychischen Dispositionen der Zu-Erziehenden zugeordnet: Haltungen, Fähigkeiten, Wissen . . .[14] Unter Beachtung seiner Kompetenz wird er sich selbstverständlich auch um die notwendigen wirtschaftlichen, sozialen und kulturellen Voraussetzungen einer erfolgreichen Erziehung bemühen. Diese Voraussetzungen betrachtet er jedoch als Mittel. Er würde seine Kompetenz überschreiten, vermutlich auch die erzieherischen Möglichkeiten überschätzen, wenn er in seiner Aufgabe die erzieherischen Bemühungen als Mittel zu einem bestimmten gesellschaftlichen und politischen Ziel ansehen würde.

An einem Beispiel können die Zusammenhänge geklärt werden: Sinn finden viele Menschen in einem „friedlichen" Leben; bei der Umfrage unter deutschen Katholiken stand die Erhaltung des Friedens an erster Stelle.[15] Aus dieser Sinn-Antwort ergeben sich politische und erzieherische Aufgaben, die ihr Gewicht und ihre „Würde" vom anthropologischen Zentralwert herleiten. Die politische Aufgabe besteht im wesentlichen im Schaffen und Erhalten eines (dynamischen) Friedens-„Zustandes". Die erzieherische Aufgabe liegt stärker in dem Versuch, die sehr komplexe psychische Disposition der Friedensfähigkeit zu erreichen: Friedensgesinnung sowie die Fähigkeit, Frieden zu halten oder zu stiften. Die Problematik besteht dabei nicht nur in der Konkretisierung des Ideals „Friedensfähigkeit", sondern in der Tatsache, daß Kinder und Jugendliche diese Friedensgesinnung und Friedensfähigkeit am besten dann lernen, wenn ihnen in der gesellschaftlichen Umwelt nicht Aggressionen vorgelebt werden, sondern friedvolles Verhalten. Friede als politisch-gesellschaftlicher Zustand ist eigentlich Voraussetzung für die Erziehung zur Friedfertigkeit; was man realistisch von einer Friedenserziehung erwarten kann, ist die Übernahme des gegenwärtig geübten (friedlichen) Verhaltens und damit die Erhaltung des Friedens. Wenn überhaupt, so kann Friede nur zu einem kleinen Teil Ergebnis der Friedenserziehung sein; sie wird keine größere Bedeutung haben als eine gerechte Gesetzgebung oder eine blühende Wirtschaft, um die sich der Erziehende als „Staatsbürger" selbstverständlich ebenfalls zu kümmern hat.

3.2 Erziehungsideale in ihrer Vielfalt und Polarität

Sinnanthropologische Überlegungen zur Begründung von Zielen müssen im konkreten Fall differenzieren, zu welchem Typus das in Frage stehende Erziehungsziel gehört und an welchem Ort im Gesamtfeld von Erziehungsidealen es steht. Die folgenden Klassifikationen wollen in die Vielfalt Ordnungskriterien und Unterscheidungsmöglichkeiten einbringen, um den Rechtfertigungsversuch durch Klarheit zu erleichtern.

3.2.1 Wissen, Fertigkeiten, Haltungen

Eine einfache und überzeugende Unterscheidung von Erziehungszielen bringt die Klassifikation von Wissen, Fertigkeiten/Fähigkeiten und Werthaltungen.[16] Wissen, Kenntnisse auf den verschiedensten Gebieten werden durch Erfahrung zu beeinflussen versucht; das entsprechende Verfahren heißt *Schulung.* Fertigkeiten, Fähigkeiten (seien es psychomotorische, sozio-emotionale oder kognitive) werden im Handeln entwickelt; das dazugehörende Verfahren heißt im allgemeinen *Training.* Werthaltungen, Gesinnungen, Einstellungen zu beeinflussen und zu entwickeln, kann *Bildung* genannt werden.

Komplexe Zusammenhänge zwischen den drei Gruppen ergeben sich daraus, daß eine Fertigkeit immer auch entsprechendes Wissen voraussetzt (kein Training ohne Schulung) und daß Werthaltungen sowohl Wissen als auch Fertigkeiten voraussetzen (keine Bildung ohne Schulung und Training). Eine ausdifferenzierte Werthaltung als Verhaltensdisposition des Menschen besteht aus drei Komponenten[17]: eine *Handlungs*komponente, d. h. die Bereitschaft und Fähigkeit, auf bestimmte Weise zu handeln (wahrhaftig, treu, verschwiegen sein . . .), eine *kognitive* Komponente (etwas „für wertvoll halten"), die gekoppelt ist mit einer *affektiven* Komponente, die zum Engagement führt. Die drei Komponenten können freilich in der Entwicklung durchaus zu verschiedenen Zeitpunkten auftreten und sich erst später integrieren.

Das Charakteristische einer Werthaltung ist die affektive Komponente; sie ist vermutlich auch das „Tieferliegende", d. h. dasjenige, was den Persönlichkeitskern am stärksten betrifft, was am engsten mit der Identität der Persönlichkeit verbunden ist. Dafür können zwei Hinweise gegeben werden: (1) In der Entwicklung des Kindes zeigt sich, daß Affekt- und Wunschwörter vor Wörtern mit „Nennfunktion" auftreten (das Affektive als das Grundlegendere gegenüber dem Kognitiven). (2) Wissen ist leichter zu verändern als Werthaltungen; vom Wissen über Fertigkeiten zu Gesinnungen nehmen die Einflußmöglichkeiten ab. Einstellungen lassen sich im allgemeinen nur durch sehr intensive Beeinflussung verändern. Vermutete Erklärung: Es ist ein weiter Weg zum „Kern" der Persönlichkeit, in dessen Nähe das Affektive liegt.

Die folgende Skizze gibt wieder, wie sich eine Person im Laufe ihrer Entwicklung (von P_1 zu P_2) über Schulung (c), Training (b) und Bildung (a) in Wissen (3), Fertigkeiten (2) und Werthaltungen (1) verändern kann:

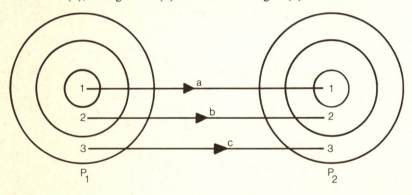

Für die Rechtfertigung von Erziehungszielen kann aus dem Dargelegten schon jetzt abgeleitet werden, daß Wissen und Fertigkeiten weithin als *Mittel* und *Wege* zu Werthaltungen (oder situativ-strukturellen Werten) in die Argumentation aufgenommen werden können. Auf der Begründung von Werthaltungen ruht dann hauptsächlich die „Beweislast". Dabei ist besonders die affektive Komponente der Haltungen zu beachten; der philosophische Beweisgang kann nicht rein kognitiv erfolgen, sondern ist getragen von einem intentionalen „Wertfühlen" (nicht als oberflächliches Gefühl, das kommt und rasch wieder verfliegt, sondern als eine vom Kern

44

der werterkennenden Persönlichkeit getragene dauerhafte und intensive Bejahung des als wertvoll Erachteten – vgl. 4.4.1).

3.2.2 Die Polarität anthropologischer Werte

Seit Aristoteles wissen wir um die polare Struktur der Werte: Jede Werthaltung hat ihren positiven Gegenpol. In der Pädagogik wies Schleiermacher die dialektische Struktur von Bildungsidealen auf. Alle Erziehungsideale scheinen ein zur „Synthese gesteigerter Ausgleich zweier Ideale" zu sein, „die für sich allein angestrebt, zur Entartung neigen"[18]. Dieser Sachverhalt wird im sogenannten „Wertequadrat" dargestellt:

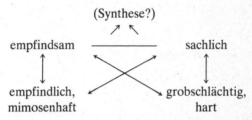

(Synthese?)

empfindsam ————— sachlich

empfindlich, mimosenhaft — grobschlächtig, hart

Auf graphisch gleiche Weise ließen sich auch andere wertvolle Charaktereigenschaften darstellen:
unterwürfig, schüchtern – bescheiden, zurückhaltend – selbstbehauptend, mit Zivilcourage – brutal sein Recht durchsetzend;
eigenbrötlerisch – selbstgenügsam, unabhängig von anderen – gesellig, gruppenverbunden – gruppenabhängig, unfähig zum Alleinsein;
kritiksüchtig – kritisch – tolerant – alles tolerierend, ohne eigene Position;
radikalistisch – experimentierfreudig – bewahrend – konservatistisch, rigide.
Für sinnanthropologische Überlegungen sind einige Erkenntnisse bedeutsam, die aus dem Wertequadrat analysiert werden können: (1) Die beiden oberen bzw. inneren Pole sind keine Gegensätze; denn ohne den gegenüberliegenden Pol würde der Wert nach unten bzw. nach links und rechts in das nicht mehr für wertvoll gehaltene Extrem abgleiten (beispielsweise wird Bescheidenheit ohne Zivilcourage zu unterwürfiger Schüchternheit). (2) Eigentliche Gegensätze sind der jeweilige Wert und sein diagonal gegenüberliegender Unwert (Beispiele: Geselligkeit gegen Eigenbrötlertum oder Selbstgenügsamkeit gegen Unfähigkeit zum Alleinsein). Ob die sich entgegenstehenden Unwerte in sinnanthropologischen Überlegungen wirklich als Gegensätze gesehen werden können, bleibt angesichts des Satzes: extrema se tangunt[19] eine durchaus offene Frage.
Wo liegt die Synthese zwischen den in Spannung stehenden Werten? Liegt

sie als etwas „Neues" über den Werten? Liegt sie auf der Linie zwischen den Werten genau in der Mitte? An den einzelnen werden in seinen verschiedenen Rollen von seiten der Mitwelt unterschiedliche Erwartungen gerichtet; diese liegen zwischen den Wertpolen – im Sinne des „sowohl ... als auch ...". Wenn man jedoch den Ausprägungsgrad eines Persönlichkeitszuges auf eine Skala projiziert, muß das erwartete „Ideal" keineswegs in der graphischen Mitte liegen. So erwartet man von einem führenden Mitglied einer Gruppe beispielsweise mehr Unternehmungslust als Zurückhaltung, vermutlich auch mehr Sachlichkeit als Empfindsamkeit, mehr Schläue als Offenheit, mehr Selbstbehauptung als Demut und Bescheidenheit . . .[20] Nach Guilford erwartet man von einem erfolgreichen Vorarbeiter mehr Geselligkeit als Zurückhaltung, mehr Sachlichkeit als Empfindsamkeit, mehr Toleranz als kritische Einstellung, mehr Durchsetzungskraft und Zivilcourage als Bescheidenheit.[21] Die Wertungen des sozialen Umfeldes an den einzelnen in seinen verschiedenen Rollen bevorzugen oft einen bestimmten Wertpol, so daß sich – graphisch gesehen – das erwartete Ideal aus der Mitte dem besonders betonten Wertpol nähert:

$$\text{extremer} \longrightarrow \text{Wertpol A} \longrightarrow x \longrightarrow y \longrightarrow \text{Wertpol B} \longrightarrow \text{extremer}$$

extremer ——— Wertpol A ——— x ——— y ——— Wertpol B ——— extremer
Unwert A'   (Mitte) ↓   Unwert B'
                          erwartetes
                          Ideal

Die Erwartungen der Umwelt entheben selbstverständlich den einzelnen nicht der Aufgabe, seinen Ort im Wertgefüge zu finden und jeweils neu in der geschichtlichen Situation die Synthese zu gestalten.

3.3 Konkretisierung der Erziehungsideale

Eine Schwierigkeit sowohl bei der Beschreibung als auch Begründung von Erziehungsidealen liegt oft darin, daß sie zu umfassend und in sich komplex sind. Die Abstraktheit der Formulierung (man denke etwa an Ziele wie „Mündigkeit" oder „Friedfertigkeit") birgt die Gefahr in sich, daß innerhalb eines weiten Rahmens beliebige konkrete Inhalte und Verhaltensweisen mit den angeführten Zielen verbunden werden können. In einer Zeit, in der über Grundwerte diskutiert werden muß, ist zu vermuten, daß abstrakt und weit formulierte Ziele im pädagogischen Alltag unterschiedlich interpretiert werden.
Darum ist es nicht verwunderlich, wenn in der modernen Erziehungswissenschaft abstrakte Richt- und Fernziele als „Leerformeln" für wenig

hilfreich und deshalb (durch den Prozeß der „Operationalisierung") in Grob- und Feinzielen zu konkreteren Verhaltensweisen präzisiert werden. Die Vorteile sind offensichtlich: Methoden und Mittel der Erziehung können nun in einen genaueren Zusammenhang mit den zu erreichenden Zielen gebracht werden; der Erfolg des Erziehungsprozesses läßt sich besser überprüfen; der Erzieher ist besser gegenüber Auslegungsstreitigkeiten abgeschirmt ...

Es gibt jedoch Grenzen der Konkretisierung von Zielen; sie hängen letztlich mit der Grenze sozialtechnologischer Verfahren in der Erziehung zusammen (vgl. 2.1.3 und 2.2). Wissen und zu trainierende Fertigkeiten können meist als präzise Ziele formuliert werden. Schwierig wird dies aber bei Werthaltungen. Man unterschätzt allzu leicht die Komplexität menschlicher Wirklichkeit und überschätzt die wissenschaftlichen Grundlagen erzieherischen Handelns, die gegenüber der historischen Einmaligkeit und Freiheit der Person an ihre Grenze stoßen.

Wenn Erziehungsideale jedes beliebige konkrete Verhalten zulassen, sind sie in der Tat Leerformeln und als solche unbrauchbar; andererseits dürfen sie nicht so eng begrenzt gefaßt sein, daß der Gesamtzusammenhang verlorengeht und ein unangemessenes erzieherisches Verhalten daraus resultiert. Aus diesem Dilemma bietet die Faktorenanalyse einen möglichen Ausweg. Ihre Idee besteht darin, „aus einer erhobenen großen Anzahl von detaillierten Daten über das Verhalten nach und nach diesen Daten zugrundeliegende Faktoren, die die Oberflächenvariablen kontrollieren bzw. bestimmen, herauszupräparieren. Aus der großen Anzahl von Daten ergibt sich eine kleine Anzahl von Faktoren, die zu einem möglichst exakt zu bestimmenden Ausmaß die Oberflächendaten definieren und kontrollieren. Dieses Ausmaß wird als Faktorenladung oder Sättigung des betreffenden Maßes bezeichnet."[22] Wenn man die gefundenen Faktoren als Erziehungsziele nimmt, hätte man eine gesunde Mitte zwischen Komplexität und Atomisierung.

Dagegen erhebt sich das Problem, daß die Faktorenanalytiker keineswegs ihre Ergebnisse als Wertungen oder Erziehungsideale betrachten. Sieht man jedoch die Faktoreninventare näher an, kann zumeist einer der Pole (manchmal sogar beide) als anthropologischer Wert (und Erziehungsziel) aufgefaßt werden. Am Beispiel des FPI[23] sei dies aufgezeigt. Die neun ausschlaggebenden Faktoren werden folgendermaßen benannt:

(1) psychosomatisch nicht gestört (– gestört);
(2) beherrscht, emotional reif (– unreif, spontan aggressiv);
(3) zufrieden, selbstsicher (– depressiv, mißgestimmt, unsicher);
(4) ruhig (– reizbar);
(5) gesellig, lebhaft (– zurückhaltend bis ungesellig);
(6) gelassen, selbstvertrauend, gutgelaunt (– irritierbar);

(7) nachgiebig, gemäßigt (– sich durchsetzend, reaktiv aggressiv);
(8) kontaktfähig, ungezwungen (– gehemmt);
(9) offen, selbstkritisch (– unkritisch, verschlossen).

An der in den Begriffen ausgedrückten Wertung kann u. E. kein Zweifel herrschen. Selbstverständlich sind die verschiedenen Eigenschaften durch die Faktorenanalyse nicht als wertvoll begründet! Eine weitere Schwierigkeit liegt darin, daß die verschiedenen Analysen untereinander nicht übereinstimmen. Als Beispiel eines anders aussehenden Katalogs seien die 16 Faktoren nach Cattell[24] wiedergegeben:

(1) zurückhaltend (–aus sich herausgehend);
(2) intelligent (– weniger intelligent);
(3) ausgeglichen, beständig, hohe Ich-Stärke (– labil);
(4) bescheiden, demütig (– selbstbehauptend);
(5) nüchtern (– unbekümmert);
(6) gewissenhaft, hohe Überich-Stärke (– berechnend);
(7) unternehmungslustig (– scheu);
(8) zartbesaitet (– grobschlächtig);
(9) vertrauensvoll (– mißtrauisch);
(10) ideenreich (– praktisch);
(11) geradeheraus (– schlau);
(12) ruhig, gelassen (– furchtsam);
(13) experimentierfreudig (– konservativ);
(14) eigenständig (– gruppenverbunden bis gruppenabhängig);
(15) beherrscht (– lässig, niedrige Integration);
(16) entspannt (– gespannt).

Zu wieder anderen Ergebnissen kommt Guilford.[25] – Der Grund für die Verschiedenheit der Analysen liegt u. a. darin, „daß es keine verbindliche Vorschrift für die Faktorenrotation (z. B. orthogonale oder schiefwinklige Rotation), für die Anzahl der aus einem Datenmaterial zu extrahierenden Faktoren oder auch für die Interpretation der erhaltenen Faktoren gibt"[26]. Gegen faktorenanalytisch fundierte Persönlichkeitstheorien wird noch eine Reihe weiterer Einwände erhoben[27]: Sie trügen einer altersbedingten Veränderung der Faktorenstruktur nicht oder zu wenig Rechnung; sie vernachlässigten die Tatsache, daß Faktorenstrukturen sehr stark kulturabhängig seien . . .
Dem stehen aber wieder Gründe entgegen, die für eine versuchsweise Übernahme der Faktorenstrukturen in anthropologische Überlegungen sprechen. Es ist die Gewähr gegeben, daß sich die untersuchten Persönlichkeitsmerkmale, auf die sich erzieherisches Handeln richtet, nicht allzusehr überschneiden. Damit eng verbunden besteht die Hoffnung, daß die in den Faktoren formulierten Charaktermerkmale weder zu komplex noch zu isoliert und eng gefaßt sind. Schließlich kann erwartet werden, daß durch die Faktorenstruktur die wichtigsten Bereiche menschlichen Verhaltens angesprochen sind (vorausgesetzt, ein genügend umfangreiches

Datenmaterial wurde verarbeitet). Im allgemeinen bekommt man mit den (Oberflächen-)Daten zugleich die Operationalisierung der Faktoren als Richtziele mitgeliefert. – Solange man die Faktoren in erster Linie als statistische „clusters" (Verhaltensbündel) betrachtet und bei ihrer „ontologischen" Interpretation sehr vorsichtig verfährt, können sie bei der Beschreibung von Erziehungsidealen recht hilfreich sein.

Selbstverständlich bleibt – aufgrund der geringen Stringenz der bis jetzt vorliegenden Faktorenstrukturen – jederzeit die Möglichkeit, aus pädagogischen oder theoretischen Gründen komplexere oder einfachere psychische Dispositionen als Erziehungsziele zu formulieren. Der Aussageumfang eines Zieles darf allerdings nicht derart zunehmen, daß er eine völlige Beliebigkeit des Verhaltens zuläßt. In einem solchen Fall wäre seine erziehungsphilosophische Begründung verständlicherweise völlig überflüssig. Ein Fern- und Richtziel hat nur dann einen Sinn, wenn es eine Gruppe nichterstrebenswerter Verhaltensweisen nachweisbar ausschließt.

3.4 Quellen der Erziehungsideale

Hinsichtlich Erstellung und Durchsetzung von Erziehungsidealen haben Menschen unterschiedliche Einflußmöglichkeiten. Man unterscheidet Werte-Schöpfer bzw. -Setzer (z. B. einflußreiche Denker, Politiker, insbesondere Bildungspolitiker, hohe Kirchenmänner ...), Werte-Vermittler (z. B. Lehrer, Erzieher, Eltern, Priester ...) und Werte-Empfänger (z. B. Schüler, Jugendliche, Kinder, Gläubige ...).[28] Was die „creators" sich allerdings unter einem Wert vorstellen, muß und wird auch nicht identisch sein mit dem, was die Vermittler darunter verstehen; und das ist wiederum nicht identisch mit dem, was die Empfänger unter den Werten verstehen: Die Abhängigkeit ist keineswegs total. Die Einflußstruktur selbst unterliegt einem ständigen gesellschaftlichen, politischen und kulturellen Wandel.

Unter den Menschen, die Erziehungsziele setzen, sind vor allem Gesetzgeber zu nennen; sie legen in Erziehungs- und Schulgesetzen fest, welche Ziele erreicht werden sollen. So legen Landesverfassungen der BRD als oberste Erziehungsziele für alle Schulen verbindlich fest: Selbstbeherrschung und Verantwortungsbewußtsein, Hilfsbereitschaft und sozialen Sinn, Duldsamkeit, Wahrhaftigkeit, Nächstenliebe, Ehrfurcht vor Gott, Achtung vor der religiösen Überzeugung anderer ...[29]. – Besonderen Einfluß können auch Sachverständige bekommen, die im Auftrag politischer Instanzen Expertisen erarbeiten, in denen sie Erziehungsziele formulieren. Als Beispiel mag der 2. Familienbericht[30] gelten, in dem verschiedene Erziehungsziele genannt werden, die sich nach Meinung der Kommission durchaus rechtfertigen lassen:

Selbstsicherheit, so daß ein Kind weder von jeder Autorität abhängig noch selbstgerecht und lernunfähig wird;
Gewissen, um spontane Bedürfnisse und soziale Zumutungen moralisch kontrollieren zu können, ohne verinnerlichten Handlungsnormen starr folgen zu müssen;
intellektuelle Fähigkeiten zum sach- und sinngerechten Umgang mit Begriffen und Theorien und zur selbständigen Problemlösung;
Leistungsmotivation ohne starre Fixierung auf Leistung als Eigenwert;
Empathie (als Fähigkeit, die Bedürfnisse und Interessen anderer wahrzunehmen) und Solidarität (als besondere Rücksichtnahme auf Schwächere);
Bereitschaft und Fähigkeit zur produktiven Konfliktbewältigung . . .

Politiker und ihre Berater setzen die Werte nicht aus einem geistesgeschichtlichen Vakuum heraus; sie sind ihrerseits einer Vielzahl von Einflüssen unterworfen. Eine wichtige Rolle spielt dabei die zugrundeliegende Weltanschauung. Deutlich wird dies am Unterschied zwischen den Formulierungen, wie sie in der östlichen politischen Machtsphäre gebräuchlich sind, und jenen im Westen. Der Anthropologie von K. Marx folgend wird ein zentraler Wert des neuen Sowjetmenschen in dem Bewußtsein gesehen, „daß in der Arbeit zum Wohl der Gesellschaft der höchste Sinn des Lebens liegt, daß sie eine Form der Bestätigung eigener Würde und Entwicklung der eigenen Fähigkeiten ist"[31]. Weitere wertvolle Eigenschaften der neuen (Sowjet-) Persönlichkeit sind: Ideentreue, d. i. Anerkennung der Ziele und Prinzipien der kommunistischen Ideologie und des Primats der gesellschaftlichen Interessen, sowie Anerkennung der Brüderlichkeit, des Kollektivismus und des sozialistischen Internationalismus als Grundnorm für die Beziehungen zu anderen Menschen.

Fraglich bleibt, inwieweit Zielvorgaben aus dem politischen Raum den erzieherischen Prozeß unmittelbar erreichen. Denn Erziehungsideale sind keine Rechtsnormen; diese beziehen sich vor allem auf das äußere Verhalten des Menschen, sie sind in der Regel einklagbar und erzwingbar.[32] Gesinnungen, Werthaltungen dagegen entziehen sich als psychische Dispositionen weithin dem politischen Zugriff. Worauf beruht dann aber der Einfluß der Politiker auf die Erziehung? Er beruht einmal auf der „moralischen" Autorität, die – in unterschiedlichem, heute vielleicht schwindendem Maß – Politiker in der Gesellschaft besitzen. Der Einfluß beruht zum anderen in der Tatsache, daß viele Werthaltungen sich in einem Verhalten konkretisieren, das in dem vom Recht normierten Raum liegt. Schließlich besteht die Einflußmöglichkeit auf der Macht, die Situation, von der das erzieherische Handeln abhängt, zu gestalten; die Hoffnung sozialistischer Politiker in bezug auf die Gestaltung des neuen Sowjetmenschen gründet letztlich auf der Überzeugung, daß in erster Linie „durch die Schaffung und Konsolidierung der neuen Gesellschaftsverhältnisse und eines neuen sozialen Milieus"[33] der sozialistische Persönlichkeitstyp sich als gesetzmäßige Erscheinung entwickeln wird.

Wertsetzend sind weiterhin führende Persönlichkeiten gesellschaftlich mächtiger Gruppen, Verbände, Kirchen und Massenmedien. Vor allem aus dem Bereich der Massenmedien kann durch die ständige Beeinflussung viel Macht ausgeübt werden (man denke an Eltern, die in ihrem Erziehungsverhalten verunsichert sind und sich von Redakteuren – einer Elternzeitschrift oder einer Fernseh- bzw. Rundfunksendung für Eltern – auch in bezug auf die zu verfolgenden Erziehungsideale raten lassen). Natürlich ist eine auf dem freien Markt erscheinende Zeitung von den Käufern abhängig, darf also in der Formulierung der Erziehungsziele von den vagen, latent vorhandenen Zielen der potentiellen Käufer nicht allzu weit abweichen. Andererseits sind die Zielvorgaben der Massenmedien nicht nur reine Widerspiegelung der in der Gesellschaft vorhandenen Vorstellungen; dies ist schon wegen der Pluralität dieser Vorstellungen kaum denkbar. Von Redakteuren geäußerte Meinungen üben durchaus eine steuernde Funktion aus.

Als Beispiel eines Zielkatalogs aus dem Raum der Massenmedien werden im folgenden in Auswahl die Ziele wiedergegeben, die eine Elternzeitschrift mit hoher Auflage ihren Lesern (zunächst als Anregung zum eigenen Nachdenken) vorgelegt hat[34]:

Oberstes Erziehungsziel: ein humaner, glücklicher Mensch; ethische Fähigkeiten: Achtung vor dem Leben, Ablehnung von Gewalt, Opferbereitschaft, Ehrlichkeit, Zuverlässigkeit, Selbstbeherrschung, verzichten können, sich bescheiden können; geistige Fähigkeiten: Probleme lösen können, geistige Beweglichkeit, Offenheit . . . soziale Fähigkeiten: Liebesfähigkeit, Hilfsbereitschaft, sich mit anderen verständigen und zusammenarbeiten können, Anpassungsfähigkeit, Toleranz, Einfühlungsvermögen . . .; vitale Fähigkeiten: Selbständigkeit, Initiative, Schaffensfreude, mit Unlustgefühlen fertig werden können, Selbstbestimmung, Lebensfreude, Zivilcourage, Selbstbewußtsein, Konfliktbereitschaft, Durchsetzungsvermögen, Entscheidungsbereitschaft . . .; Erlebnisfähigkeit: die Umwelt intensiv aufnehmen können, Aufgeschlossenheit für Kultur, Kunst, Wissen, mitleiden können, Freude am Körperlichen und an der Sexualität . . .

Obgleich diese Aufstellung nur Fernziele enthält, eine breite Palette von Interpretationsmöglichkeiten offenläßt und als globale Zielansammlung wenig systematisch ist, darf ihre Wirkung auf suchende Eltern (selbst wenn ihre Suche sich nur auf Bestätigung eigener Vorstellungen beschränkt) nicht unterschätzt werden.

Zur Gruppe der Werte-Setzer können schließlich einflußreiche Denker gezählt werden, die sich zu Fragen der Erziehungsideale äußern. Es sind dies vor allem Persönlichkeiten, die von den Werte-Vermittlern als Autoritäten gehört und gelesen werden. – Richtungweisend auch im pädagogischen Raum war beispielsweise Freuds Zielformulierung der psychoanalytischen Behandlung: die „Leistungs- und Genußfähigkeit"[35] des Menschen, d. h. die Fähigkeit zu arbeiten und zu lieben. – V. E. Frankl fügte diesen beiden die Leidensfähigkeit hinzu als wertvolle Einstellung, mit der der Mensch „die unausweichlichen Schicksalsschläge des Lebens abfängt"[36]. – E. Fromm sucht die Vorstellungen Freuds mit denen von Marx zu verbinden und sieht dementsprechend das menschliche Ideal in der Fähigkeit zu produktiver Arbeit, produktiver Liebe und produktivem Denken.[37]

Eigenschaften des „reifen" Menschen, eine Sinn-Anthropologie für Therapeuten, wurden von C. Laudis und M. Bolles ausformuliert[38]:

Die reife Persönlichkeit besitzt eine ausreichende Fähigkeit zur Arbeit; sie ist frei von ausgedehnten emotionalen Konflikten; sie ist fähig, ohne übermäßige Spannung oder Verzögerung, Entscheidungen zu treffen; sie kann die emotionalen Nöte anderer verstehen und darauf antworten.

Eine implizite Sinn-Anthropologie gaben in neuerer Zeit Therapeuten auf die Frage nach den typischen Wesenszügen glücklicher Menschen:

Diese sind optimistisch und haben die Erlebnis- und Begeisterungsfähigkeit der Jugend nicht verloren; sie sind keine Prinzipienreiter; sie können in den Tag hinein leben und sich auch über unwichtige Dinge freuen; sie haben viele gute Freunde, ihre Interessen gehen weit über den Beruf hinaus; sie sind geistig elastisch; sie kennen kaum Selbstmitleid und verzweifeln nicht; sie kennen ihre Grenzen und Vorzüge, geben sich keinen Illusionen hin, sind realistisch und humorvoll; sie kennen keinen Hochmut, achten ihre Mitmenschen; sie kümmern sich auch um das Wohlergehen ihrer Mitmenschen; sie stecken voller Tatendrang . . .

Die zuletzt genannten Zielvorgaben stammen aus dem therapeutischen Raum und erscheinen eher als positive Wendung erfahrener Not und menschlicher Tragödien. Aber gerade weil sie auf dem Hintergrund der Erfahrung menschlicher Zusammenbrüche formuliert sind, gewinnen sie für die prophylaktische, präventive erzieherische Praxis besonderen Einfluß auf Lehrer, Erzieher und Eltern.

Inwieweit sind die Zu-Erziehenden Quellen von Erziehungszielen für sich selbst? Und inwieweit sind die Erzieher Quellen von Zielen als ihren eigenen Aufgabennormen? Man kann in jedem Fall davon ausgehen, daß zumindest die Interpretation von vorgegebenen Fernzielen sowie ihre Konkretisierung Angelegenheit der im unmittelbaren pädagogischen Bezug Stehenden bleiben. Darüber hinaus gibt es Anzeichen dafür, daß die Hierarchie (Rangfolge) der (anthropologischen) Werte sich im Erziehungsprozeß weithin eigenständig gestaltet.[39] – Notwendigkeit und Umfang der Beteiligung unmittelbar Betroffener am Zielsetzungsprozeß wird im Zusammenhang sinn-anthropologischer Begründung noch einmal aufgegriffen (vgl. 4.3.2 sowie 4.6).

3.5 Wandel der Erziehungsideale

Die These vom Wandel des Erziehungsideals im Lauf der Geschichte ist heute allgemein anerkannt. Es ist in der Tat nicht sonderlich schwierig, mit Hilfe des historischen Materials die Unterschiede zwischen dem Ideal des Griechentums, des mittelalterlichen Rittertums, der Renaissance oder Aufklärung offenzulegen. – Es bereitet auch kaum mehr Schwierigkeiten, kulturelle Unterschiede der Ideale aufzuzeigen (etwa zwischen dem amerikanischen, indischen, chinesischen oder deutschen Kulturraum).[40] Aber diese Erkenntnisse berühren den in der Erziehung Stehenden nicht unmittelbar und ernsthaft; denn die anderen Kulturen bleiben „fern", und die vergangenen Zeiten sind eben „schon längst vorüber".

Die erzieherische Praxis ist jedoch unmittelbar betroffen, wenn festzustellen ist, daß innerhalb überschaubarer Zeitabschnitte (etwa innerhalb einer „Schulzeit" von zehn Jahren) sich die Rangfolge von Erziehungszielen in der Bevölkerung wandelt oder wenn innerhalb überschaubarer Räume (etwa innerhalb eines Wohnviertels, vielleicht sogar innerhalb der Bezugsgruppe eines Kindes) deutliche Unterschiede in der Wertung einzelner Erziehungsziele auftreten.

Bei Umfragen[41] 1967, 1972 und 1975 in der BRD wurde männlichen Arbeitern folgende Frage zur Kindererziehung vorgelegt: „Wir haben einmal eine Liste zusammengestellt mit den verschiedenen Forderungen, was Kinder im Elternhaus lernen sollen. Was davon halten Sie für besonders wichtig?" Die Ergebnisse gibt folgende Tabelle wieder:

	1967 %	1972 %	1975 %
1. Höflichkeit, gutes Benehmen	82	65	68
2. Ihre Arbeit ordentlich und gewissenhaft machen	76	61	63
3. Sparsam mit Geld umgehen	74	55	62
4. Sich in eine Ordnung einfügen, sich anpassen	59	43	52
5. Bescheiden und zurückhaltend sein	31	21	22
6. Freude an Büchern haben, gern lesen	27	18	19
7. Fester Glaube, religiöse Bindung	27	14	17
8. An Kunst Gefallen finden	15	11	9

Für die Jahre 1977 und 1978 liegen ebenfalls Ergebnisse vor. In einer repräsentativen Umfrage des Instituts für angewandte Sozialwissenschaften (Infas) wurde nahezu 8000 Bundesbürgern zwischen Januar und Mai 1977 die Frage vorgelegt: „Auf welche Eigenschaften sollte die Erziehung der Kinder vor allem hinzielen: Folgsamkeit und Anpassung, Ordnungsliebe und Fleiß oder Selbständigkeit und freier Wille?" – Das Bielefelder Emnid-Institut führte 1978 eine ähnliche repräsentative Umfrage durch:

	1977 (Infas)	1978 (Emnid)
Selbständigkeit und freier Wille	45 %	48 %
Ordnungsliebe und Fleiß	49 %	46 %
Folgsamkeit und Anpassung (Infas)	24 %	–
bzw. Gehorsam und Unterordnung (Emnid)	–	12 %

Der jeweilige Rückgang eines Erziehungsziels bzw. seine „Erholung" innerhalb so kurzer Zeitspannen von acht Jahren wird sich ganz sicher in den pädagogischen Interventionen der Befragten entsprechend ausgewirkt haben (auch wenn Meinen und Handeln nicht identisch sind).

Unterschiede der Wertung finden sich nicht nur innerhalb relativ kurzer Zeiträume, sondern auch zum selben Zeitpunkt je nach Alter, Berufsgruppe, Bildung, Schichtzugehörigkeit und anderen sozialen Daten der Befragten. – Die Bedeutung des *Alters* für die Prioritätensetzung zeigt die folgende Aufschlüsselung:

(a) Emnid 1978: Bei den 14- bis 19jährigen Befragten sprachen sich 79 % für Selbständigkeit und freien Willen aus und nur 19 % für Ordnungsliebe und Fleiß. Bei den 65jährigen und Älteren zeigte sich dagegen das umgekehrte Bild: 64 % bevorzugten Ordnungsliebe und Fleiß, aber nur 27 % Selbständigkeit und freien Willen.

(b) Infas 1977: Für Selbständigkeit und freien Willen als Hauptziel der Erziehung entschieden sich
bei den 18- bis 34jährigen   65 %
bei den über 50jährigen nur   35 %

(c) Aus der Umfrage unter deutschen Katholiken[42] (1970/1971) läßt sich herauslesen, daß ältere Menschen – im Vergleich zum Durchschnitt – stärker eintreten für Werte der Mitmenschlichkeit (Hilfsbereitschaft), für Sitte und Ordnung sowie für (religiösen) Glaube und Leidensfähigkeit, weniger für die anthropologischen Werte Unabhängigkeit, Selbständigkeit und Genußfähigkeit.

In der Erziehung von Kindern und Jugendlichen, die unter dem Einfluß junger Eltern, Großeltern sowie junger und älterer Lehrer stehen, birgt das Altersgefälle mit seinen unterschiedlichen Prioritäten viele Konfliktmöglichkeiten.

Die Wertung der Erziehungsziele wird außerdem stark von der *Bildung* (Ausbildung) beeinflußt. In der Infas-Umfrage (1977) entschieden sich 33 % der Männer mit Volksschulabschluß und ohne Lehre für Selbständigkeit und freien Willen als Hauptziel der Erziehung, dagegen 76 % der Männer mit Abitur oder Studium. – Die Befragung deutscher Katholiken[43] zeigt, daß Katholiken mit Hochschulbildung – im Vergleich zu jenen mit Volksschulbildung, aber ohne weiterführende Lehre – stärker eintreten für

Werte der Mitmenschlichkeit, Selbständigkeit, politische Mündigkeit und Arbeitsfähigkeit, weniger als der Durchschnitt für Anpassung und Ordnungsliebe.[44] – Auch diese Wertungsunterschiede können Konflikte in der Zielfrage auslösen, etwa zwischen Eltern und Lehrern mit Hochschulausbildung. Die Prioritätensetzung in der Erziehung variiert außerdem je nach *Berufsgruppe.*

Emnid 1978:
Ordnungsliebe und Fleiß haben Vorrang bei Arbeitern (48 %), Rentnern (70 %) und Hausfrauen (48 %).
Selbständigkeit und freien Willen stellen voran Angestellte (50 %), Beamte (56 %), Selbständige und Landwirte (49 %) sowie in der Ausbildung Befindliche (78 %).

Die Rangfolge der Erziehungsziele variiert schließlich nach *Schichtzugehörigkeit.* Die Ergebnisse stimmen, da Ausbildung, Besitz und Einkommen sowie die Berufsposition entscheidende Kriterien der Schichtzuteilung sind, weithin mit den Unterschieden nach Ausbildung und Beruf überein. Eltern der Arbeiterklasse bewerten Gehorsam, Ordentlichkeit und Sauberkeit höher als Eltern der Mittelklasse; das Kind darf keine extern aufgestellten Regeln übertreten. Eltern der Mittelklasse bewerten Wißbegierde, Rücksichtnahme und vor allem Selbstkontrolle höher.[45] Eine Erklärung dieser unterschiedlichen Hierarchie der Erziehungsideale findet sich in den jeweiligen Berufsanforderungen des Vaters, evtl. auch der Mutter.

Neben den aufgezählten spielen noch andere Variablen eine Rolle in der unterschiedlichen Wertung von Erziehungszielen: die Familienkonstellation, die besondere ökonomische Situation (wird eine Wirtschaftskrise erlebt, empfindet man Sparsamkeit als eine besonders wichtige Tugend), das Wohngebiet, wahrscheinlich auch die Ausprägung bestimmter Persönlichkeitsmerkmale. (Da Erziehungsideale mit Sozialprestige gekoppelt sind, hält man dasjenige für besonders wichtig, was man selbst annäherungsweise verwirklicht.)

Eine Theorie der Erziehungsideale, ihres Entstehens, Wandels und Vergehens, stößt trotz der vorliegenden empirischen Untersuchungen auf einige Schwierigkeiten. Einmal handelt es sich nicht nur um einen Wandel in der Rangfolge der Ziele, sondern auch um einen Wandel in der begrifflichen Fassung, Interpretation und Konkretion eines Ideals. Zum anderen sind die Erziehungsziele (innerhalb des Sub-Systems „Erziehung") in ein umfassendes soziales System eingebettet. Charakteristisch für ein soziales System ist aber das Prinzip der *Interdependenz.* Der Komplex der Erziehungsideale steht in Wechselbeziehungen zu den anderen Subsystemen, in einem funktionalen Zusammenhang, in dem zu gleicher Zeit Wirkungen hinüber- und herübergehen; es handelt sich nicht mehr um einfache Kausalmodelle, sondern um ein hochkomplexes multifaktorielles System der Interdependenz, demgegenüber unsere bisherigen methodischen Möglichkeiten oft versagen.[46]

Angesichts der unterschiedlichen Wertung (und vermutlich auch begrifflichen Fassung) der Erziehungsziele könnte man resignierend der Meinung sein, daß auf dem Gebiet der Wertsetzung alles relativ sei. – So behauptet Fr. Engels, „daß die Menschen, bewußt oder unbewußt, ihre sittlichen Anschauungen in letzter Instanz aus den praktischen Verhältnissen schöpfen, in denen ihre Klassenlage begründet ist – aus den ökonomischen Verhältnissen, in denen sie produzieren und austauschen ... Und wie die Gesellschaft sich bisher in Klassengegensätzen bewegte, so war die Moral stets eine Klassenmoral."[47] – Einen ethnologischen Relativismus vertritt M. J. Herskovits, wenn er darlegt, daß die sittlichen Werte, die das Handeln eines Menschen bestimmen und rechtfertigen und die seinem Leben in seinen eigenen Augen und denen seiner Mitmenschen Sinn geben, von den Traditionen der Gesellschaft geprägt werden: „Maßstäbe und Werte sind relativ auf die Kultur, aus der sie sich herleiten."[48]

Die Relativismusthese kann heute aber nicht mehr unbesehen hingenommen werden. Zunächst muß auf erhebliche methodische Schwierigkeiten hingewiesen werden, so daß selbst die These vom *kulturellen* Relativismus nicht leicht zu belegen ist.[49] Nun soll gewiß nicht abgestritten werden, daß es bei einzelnen und Gruppen einige Unterschiede in den ethischen Axiomen und Erziehungsidealen gibt. Heute jedoch sind die Sozialwissenschaftler „von der Auffassung abgegangen, unterschiedliche Maßstäbe seien die Regel, und betonen zunehmend die Ähnlichkeit der Wertungen verschiedener Gesellschaften"[50]. Selbst Herskovits gibt implizit das überall gleiche Streben der Menschen nach Überleben, Selbstverwirklichung und Erhaltung der Gruppe zu und sieht die Unterschiede im wesentlichen in den jeweils verschiedenen Mitteln zur Erreichung dieser Ziele.[51] Es bleibt offen, ob sich die Relativität nur auf abgeleitete Wertvorstellungen und Erziehungsideale bezieht oder auf fundamentale anthropologische Werte, die nicht mehr allein als Mittel zu bestimmten spezifischen kulturellen und ökonomischen Zielen verstanden werden können. Auch bei Engels findet man eine Andeutung gegen den ethischen Relativismus: „Eine über den Klassengegensätzen und über der Erinnerung an sie stehende, wirklich menschliche Moral wird erst möglich auf einer Gesellschaftsstufe, die den Klassengegensatz nicht nur überwunden, sondern auch für die Praxis des Lebens vergessen hat."[52] In seiner Hoffnung auf eine „wirklich menschliche Moral" liegt die Absage an einen totalen *ethischen* Relativismus. Es besteht Hoffnung, daß in der partiellen Relativität die großen Menschheitsideen wie Gerechtigkeit, Freiheit und Liebe nicht abgeschafft sind.[53] – Allerdings bedarf es sinnanthropologischer (philosophischer) Überlegungen, um im Konfliktfall zu gemeinsamer Lösung zu kommen (4. Kapitel); die Frage des ethischen Relativismus wird in diesem Zusammenhang nochmals anzusprechen sein (vgl. 4.5.3).

3.6 Nutzen und Gefahr der Erziehungsideale

Am Anfang unserer Überlegungen stand als Ergebnis der Analyse pädagogischer Praxis die These, daß Erziehen eine Einwirkung in Richtung auf ein Ziel hin ist: Einem faktischen Verhalten des Zu-Erziehenden steht ein für wertvoll gehaltenes, gewünschtes Verhalten (der Eltern, Lehrer, Erzieher) gegenüber. Untersucht man die vielen konkreten Einzelziele von Unterricht und Erziehung im Alltag, wird hinter jedem Ziel „ein höheres sichtbar", das zur Frage nach dem zugrundeliegenden „Bildungsideal" führt.[54] Erziehung und auch Selbstgestaltung sind geprägt von einem – zumindest impliziten – Bild der „reifen, vollendeten Persönlichkeit".
Die Notwendigkeit einer Sinn-Anthropologie für den Zu-Erziehenden wird daran ersichtlich, daß es durchaus zu Fehlanpassung und Neurose führen kann, wenn dem Kind in der Erziehung nicht Werte als Ziele seiner persönlichen Entwicklung nahegebracht werden. Wer nicht weiß, wie er seinem Lebensweg Sinn und Richtung geben soll, tendiert zu noogener Neurose und Depressionen; dies wirkt sich sogar in einem schlechten psychohygienischen Allgemeinzustand aus; die Zahl der Frustrationsanzeichen steigt.[55] Dem Menschen Ziele seiner Persönlichkeitsbildung zu vermitteln, ist darum gleichsam eine Forderung allgemeiner Psychohygiene und Lebensbewältigung.
Für den Erziehenden sind Erziehungsziele als Aufgabennormen Orientierung seines Handelns; sie ermöglichen ihm den gezielten Einsatz pädagogischer Mittel. Ziele sind, insofern sie einen „Soll-Zustand" angeben, zugleich Maßstab für die Erfolgskontrolle.[56] In diesem Zusammenhang erfüllen sie auch eine Legitimationsfunktion gegenüber der Öffentlichkeit. Die Öffentlichkeit ihrerseits hat ein Interesse daran zu wissen, wie sich die Erziehung als Sub-System zur gesellschaftlichen Gesamtstruktur und den anderen Sub-Systemen verhält.[57] Liegt Homogenität vor zwischen gesellschaftlicher Wert-Orientierung und Erziehungsidealen? Wo zeigen sich Spannungen?
Erziehungsziele erfüllen für Zu-Erziehende und Erzieher wichtige Funktionen. Sie bergen aber auch große Gefahren in sich. Einengung, Überforderung und Überfremdung sind die schwerwiegendsten.
Das Bild eines „idealen" Menschen ist dann problematisch, wenn es zu einer Gleichmacherei führt. Natürlich schließt jedes Erziehungsziel, sofern

es überhaupt eine Bestimmung in sich enthält, die gegenteilige Alternative aus. Andererseits kann ein Zielkomplex nicht an der Tatsache der Individualität eines Menschen vorüber. Damit Ziele den Menschen in seiner individuellen Entwicklung einengen, müssen sie als Orientierungsrahmen gesehen werden, innerhalb dessen Originalität möglich und erwünscht ist. Aus dieser Sicht ist es durchaus positiv zu bewerten, wenn Erziehungsziele einen gewissen Abstraktionsgrad behalten, der Individualität und Originalität in der konkreten Gestaltung erwarten läßt.

Erziehungsziele können verheerende Wirkungen haben, wenn sie ohne Rücksicht auf die Wirklichkeit (besonders den Entwicklungsstand) des Zu-Erziehenden formuliert und womöglich unter Androhung von Sanktionen durchgesetzt werden sollen. So werden sie zu Quellen der Angst, der Minderwertigkeits- und Schuldgefühle. Auch in der Frage der Erziehungsziele muß sich überall eine „realistische Wende" durchsetzen; Ziele erfüllen nur dann ihren Sinn, wenn sie – bezogen auf die Wirklichkeit der Person und ihrer Situation – auch unter Einbezug des „Utopiequantums" noch zu verwirklichen sind. – Im übrigen werden sie ihren Zweck dann vor allem erfüllen, wenn sie wenigstens tendenziell als „lockende Möglichkeit der Entfaltung" dargestellt werden und nicht primär als fordernder Soll-Zustand, bei dessen Nichterreichen mit Sanktionen zu rechnen ist. Sofern Erziehungsideale für den Zu-Erziehenden eine Sinnfunktion erfüllen sollen, können sie letztlich nicht einfach vorgegeben (geschweige denn aufgezwungen) werden, sondern können „jeweils nur von einem selbst gefunden werden"[58].

Erziehungsideale wirken schließlich entfremdend, wenn sie im Marxschen Sinn als Teil einer umfassenden Ideologie Herrschaftsverhältnisse verschleiern und ungerechte Strukturen stabilisieren. „So mag man das Volk, die unteren Schichten, zu Sparsamkeit, Bescheidenheit, Fleiß, Treue, Gehorsam, Zufriedenheit, volkstümlicher Bildung usw. erzogen sehen wollen, weil auf diese Weise die gesellschaftliche Struktur erhalten bleibt, aber gleichzeitig mag man für die eigene Erziehung und Bildung höhere Tugenden in Anspruch nehmen, wie Spontaneität, Selbstverantwortung, Initiative, Freiheit, Kritik, Unabhängigkeit, höhere Bildung, weil eine Oberschicht sich nur mit diesen Tugenden ihre Überlegenheit bewahren kann."[59] – Der ideologische Mißbrauch von Zielen fordert eine ideologiekritische Reflexion der Erziehungsideale.

4 Die sinnanthropologische Rechtfertigung von Erziehungsidealen

4.1 Konflikt und Lösung

Es ist eine alltägliche Beobachtung, daß die Frage nach Wert und Ziel des erzieherischen Handelns konfliktbeladen ist. (a) Aufgrund des soziokulturellen Wandels entstehen Unsicherheiten in bezug auf die Entscheidung, zu *welchen* Werten überhaupt hingeführt werden soll. (Ist etwa Religiosität heute noch ein Wert, für den Zeit und Energie aufgewendet werden sollen? Ist Frömmigkeit in einer säkularen Welt zum Anachronismus geworden?[1]) – (b) Selbst wenn über das Gesamt der wertvollen Möglichkeiten des Menschseins Übereinstimmung herrschen sollte, wenn jedermann Hilfsbereitschaft, Wahrhaftigkeit, Treue, Religiosität und vieles andere als Wert betrachtet, bleibt die Frage, in welcher Rangordnung, in welcher *Werthierarchie* diese Werte zueinander stehen. Diese Frage ist von großer praktischer Bedeutung, da sich nach ihr entscheidet, wieviel Zeit und Energie in die Erreichung der verschiedenen Ziele investiert werden. Die Werte als solche mögen als „unendlich hoch" angesehen werden, begrenzt bleibt jedoch der jeweilige Erziehungsaufwand; so kann es durchaus zu einem *Inter-Ziel-Konflikt* kommen. (Soll man z. B. mehr Zeit, Geld, Medienaufwand und personellen Einsatz für eine rational-kritische, naturwissenschaftlich-technisch orientierte Unterweisung in der Schule aufwenden oder mehr für die musische Erziehung tun?) Bei begrenzten Sach- und Personalmitteln ist die Frage nicht durch ein leicht hingeworfenes „sowohl – als auch" zu lösen. Da das Wertsystem dynamisch in Bewegung bleibt[2], werden Inter-Ziel-Konflikte zum ständigen Begleiter erzieherischen Handelns. – (c) Wie wenig wir Zielkonflikten ausweichen können, wird schließlich verständlich, wenn man die Polarität (vgl. 3.2.2) erwägt, in der viele Werte zueinander stehen. (Soll man beispielsweise heute mehr Wert legen auf Durchsetzungsfähigkeit und weniger auf Nachgiebigkeit?[3]) Aufgrund der Dynamik des Wertsystems sind auch in den „Wertequadraten" ständige Verschiebungen des idealen Pols zu erwarten.

Zu den Fragen in bezug auf Auswahl, Position (in der Werthierarchie) und Akzentuierung (innerhalb des Wertequadrates) treten außerdem noch *Intra-Ziel-Konflikte*. In der konkreten Auslegung einzelner Eigenschaften entstehen Zweifel und Unsicherheiten: Ist ein bestimmtes konkretes Verhalten des Zu-Erziehenden noch Wert, oder überschreitet es die Grenze zum Unwert? (Wann wird Selbstvertrauen zur Selbstgefälligkeit?

Wie lange kann ein bestimmtes Verhalten noch als zarte Empfindsamkeit betrachtet werden, wann wird es zur unangenehmen Empfindlichkeit?) Die angesprochenen Fragen hängen eng zusammen mit dem Problem der Verschiebung des idealen Pols im Wertequadrat, insofern es um die „richtige" Definition (und damit Abgrenzung) eines Wertes geht.

Die Inter- und Intra-Ziel-Konflikte können persönliche Unsicherheiten sein, die der Erziehende mit sich herumträgt: *intrapersonale* Konflikte. Meist sind sie auch *interpersonale* Konflikte: zwischen Eltern, Lehrern, Erziehern, zwischen Erzieher und Zu-Erziehenden, zwischen gesellschaftlichen Autoritäten und Erziehenden . . . Zwischen intra- und interpersonalen Konflikten besteht oft ein wechselseitiger Zusammenhang: Der persönliche innere Konflikt erscheint nicht selten als Widerspiegelung der verschiedenen Auffassungen gesellschaftlicher Gruppen; und der nach außen getragene innere Zweifel kann seinerseits zu unterschiedlichen gesellschaftlichen Gruppierungen führen oder unterschiedliche Auffassungen verschärfen.

Wie kann man nun den Konflikten begegnen? Welche gangbaren Wege der Konfliktlösung bieten sich an? Wie läßt sich eine Entscheidung treffen, die zu *rechtfertigen* ist? Für das erzieherische Handeln heißt dies positiv gewendet: Wie sind Werte als Erziehungsideale (im Hinblick auf Zu-Erziehende) bzw. als Aufgabennormen (im Hinblick auf den Erziehenden) zu *begründen?* Dieser Aufgabe stellt sich das folgende Kapitel. Dabei ist es erklärte Absicht, die Modelle der Philosophischen Anthropologie und Ethik (als „angewandter Anthropologie") für das pädagogische Handeln nutzbar zu machen.

Um überzogene, nicht einlösbare Erwartungen von Anfang an abzublocken, muß darauf hingewiesen werden, daß durch rationale Überlegungen Moral nicht geschaffen werden kann.[4] „Moralische Normen einer Gesellschaft sind nur zum wenigsten das Produkt einer rational vorgehenden Ethik."[5] „Die Ethik konstituiert nicht erst Moral, sondern sie reflektiert Moral und will dieser eine rationale, kommunizierbare Grundlage geben."[6] – Auch wenn man unrealistische Vorstellungen bezüglich rationaler Begründbarkeit von Wertvorstellungen abwehren muß, sollen doch alle Möglichkeiten vernünftiger Rechtfertigung ausgeschöpft werden. Daß dies immer noch ein schwieriges[7] (und oft genug auch undankbares) Unterfangen ist, zeigt sich an der geringen Zahl von Veröffentlichungen zu dieser Problematik; die Literatur, die das Problem pädagogischer Wertvorstellungen behandelt, ist „sehr dünn gesät"[8]. Ethische Überlegungen gelten, nachdem man sich nach der „realistischen Wende" in der Erziehungswissenschaft verstärkt empirischen Fragestellungen zugewandt hat, anscheinend als „unwissenschaftlich". Andererseits jedoch ist wiederum ein wachsendes Interesse an der (erziehungsphilosophischen)

Begründungsproblematik zu spüren (besonders deutlich auf Kongressen); man kann eben auf Dauer diese Problematik nicht verdrängen, nur weil sie empirisch nicht lösbar ist. – Die nachfolgenden Überlegungen versuchen, einen Beitrag zur anstehenden Frage zu leisten: Schritt für Schritt wird ein Modell entwickelt, das in seinen methodischen und inhaltlichen Aussagen eine Hilfe sein könnte, Konflikte in der Zielfrage durch ein möglichst vernünftiges Verfahren zu lösen.

4.2 Realisierbarkeit als ausschließendes Kriterium

Der Bericht über die Lage der Familie in der Bundesrepublik Deutschland – der zweite Familienbericht – formuliert als zweites von vier „Legitimationskriterien für die Bestimmung von Sozialisationszielen": „Die normativ gesetzten Sozialisationsziele sowie die daraus abgeleiteten Forderungen für die Qualität der Erziehungseinrichtungen sollen auf einer Ebene liegen, die es erlaubt, das Wünschbare dem Machbaren zu vermitteln."[9] Korrigierend muß gesagt werden, daß die Realisierbarkeit eines Erziehungsideals dieses nicht begründet, also kein Legitimationskriterium im strengen Sinne ist; denn nicht alles, was realisierbar ist, ist dadurch auch schon an sich wertvoll. Was aber wertvoll und wünschenswert ist, muß – als „conditio sine qua non" – realisierbar sein.

In der Geschichte der pädagogischen Ideen wurden viele Erziehungsideale ohne Rücksicht auf ihre Realisierbarkeit aufgestellt.[10] Sie waren reine Wunschbilder, Erziehungsträume; vielleicht sollte deshalb Realisierbarkeit nicht ohne weiteres in den *Begriff* des Erziehungsideals aufgenommen werden.[11] Dennoch bleibt die Möglichkeit der Verwirklichung notwendige *Bedingung* (allerdings nicht Grund) für die Werthaftigkeit eines Erziehungsideals. Denn pädagogisches Handeln, sei es nun Fremd- oder Selbsterziehung, gewinnt seinen Sinn und seine Dynamik vom zu erreichenden Ziel her; ist dieses Ziel schlechthin nicht erreichbar, wird das darauf gerichtete Handeln nicht nur zwecklos, sondern sinn-los.

Der Zweite Familienbericht schränkt auch ein: Die „Bindung an Praxisgesichtspunkte kann ... kein Argument dafür sein, Utopisches schlechthin zu verwerfen"[12]. Das notwendige „Utopiequantum" wird streng als machbare Realutopie aufgefaßt: Es muß „klein genug sein, um die nächsten Schritte auf dem Weg zur Veränderung gesellschaftlicher Lebensbedingungen der Familie steuern zu können; es muß auch groß genug sein, um diese Veränderungen an langfristigen Perspektiven orientieren zu können"[13].

Die Realisierbarkeit eines Zieles festzustellen, ist ein *empirisches* Problem.

Nur die Erfahrung kann letztlich die Grenzen des Machbaren aufzeigen. Darum müssen empirische Verfahren angewandt werden, wenn es gilt, all jene Erziehungsideale als sinnlos auszuschalten, die nicht mit pädagogischer Praxis vermittelt werden können. Nun kann aber, was durch Erziehung selbst erst werden soll, nicht schon durch Erfahrung als verwirklichbar feststehen. Die Induktion aus der geschichtlichen Erfahrung hilft auch nicht viel weiter, da jedes erzieherische Handeln sich zwischen jeweils einmaligen Menschen in jeweils neuer geschichtlicher Situation abspielt. Darum sind wir bei der Frage nach der Realisierbarkeit meist – vor allem, wenn es sich um sehr komplexe und hohe Erziehungsideale handelt – auf vage Vermutungen angewiesen; aus der Sicht der Empirie sollten diese Vermutungen jedoch zumindest plausibel sein. –

4.3 Teleologische Begründung

Eigenschaften und Haltungen eines Zu-Erziehenden können als Ziele begründet werden, indem sie als „Ursache eines guten Ergebnisses"[14] aufgewiesen werden. Sie werden als *Mittel* zu einem *akzeptierten Zweck* gesehen und durch ihre Folgen rechtfertigt. Auf diese Weise entsteht eine *teleologische* Erziehungsphilosophie, für die sich die Richtigkeit eines Erziehungsideals nach dem Zweck, dem „Telos", bzw. dem Erfolg bemißt. Die Möglichkeit des teleologischen Begründungsverfahrens beruht darauf, daß Werte auch in einem funktionalen Zusammenhang gesehen werden können (vgl. 3.1).

4.3.1 Funktionalität von Erziehungsidealen

Aus den empirischen Forschungen zum prosozialen Verhalten wissen wir, daß sich das Problemlösungsverhalten in einer Gruppe verbessert, je mehr Vertrauen in der Gruppe herrscht.[15] Wenn nun ein möglichst gutes Problemlöseverhalten als fragloser Wert angenommen wird, läßt sich von ihm her die „Werthaftigkeit" bzw. Zweckhaftigkeit des Vertrauens (als Mittel zum guten Zweck) begründen. – Auf ähnliche Weise kann auch die Fähigkeit zu unabhängigem Denken und Handeln begründet werden: Die Sozialpsychologie zeigt, daß der Erfolg einer Gruppe wächst, wenn die einzelnen Mitglieder in ihren Leistungen möglichst unabhängig sein können; denn viele unabhängige Köpfe finden vermutlich mehr Lösungen, aus denen die beste ausgewählt werden kann, als schablonenhaft

Denkende und Handelnde.[16] Ist das Problemlöseverhalten einer Gemeinschaft als Wert unbestritten, kann von ihm her die schöpferische Unabhängigkeit der Mitglieder als wünschenswerte Eigenschaft begründet werden. – Auch die Tugend der Wahrhaftigkeit kann als Mittel aufgezeigt und in ihrer (abgeleiteten) Werthaftigkeit begründet werden: Ohne sie sind kein Zusammenleben, kein gemeinsames Handeln denkbar. Falls nun die funktionierende Gemeinschaft der Menschen als Wert betrachtet wird, kann von ihr her Wahrhaftigkeit als notwendig, sinnvoll, wertvoll aufgewiesen werden.

Allgemein gilt: Wenn zumindest *ein* Wert „fest" und unbestritten akzeptiert ist, kann von ihm her mit großer Wahrscheinlichkeit die Notwendigkeit von anderen aufgewiesen werden. Um beispielsweise mit anderen zusammenarbeiten zu können, muß ein Mensch innerlich einigermaßen selbstsicher sein; um innerlich selbstsicher zu werden, muß man mit anderen Umgang pflegen, einigermaßen kontaktfähig sein usw. – Deutlich wird der Zusammenhang bei der faktorenanalytischen Untersuchung von Persönlichkeitsmerkmalen.[17] Ohne in eine ontologische Überinterpretation der Faktoren zu verfallen, zeigen sich verschiedene Beziehungen: Selbstbeherrschung steht in Zusammenhang mit Selbstsicherheit und innerer Ruhe; Selbstsicherheit und innere Ruhe hängen ihrerseits zusammen; zwischen innerer Ruhe und Nachgiebigkeit besteht ein Zusammenhang; Geselligkeit hängt zusammen mit Kontaktfähigkeit; Gelassenheit steht in Zusammenhang mit Ungezwungenheit, Kontaktfähigkeit . . .

Das System der Werthaltungen kann (in mancher Hinsicht) mit einem technischen System verglichen werden, dessen Teile sich gegenseitig tragen und bedingen. Man denke etwa an einen fugenlos gebauten romanischen Rundbogen, der in sich zusammenstürzt, wenn nur ein Stein aus ihm herausgenommen wird. So ähnlich auch bei den Erziehungsidealen: Solange keine Umwertung *aller* Werte erfolgt, solange wenigstens *ein* Wert unbestritten akzeptiert ist, lassen sich von ihm her viele andere Werte in ihrer Funktionalität (in bezug auf den akzeptierten Grundwert) aufweisen; auf diese Weise können sie teleologisch begründet werden. Allerdings genießen die funktional aufgewiesenen Werte nur eine „abgeleitete Werthaftigkeit", insofern sie eben zweckmäßig sind. Sie sind noch keineswegs als „Wert in sich" begründet.

Der unbestreitbare Vorteil des teleologischen Begründungsverfahrens liegt darin, daß die Zusammenhänge *empirisch* aufgewiesen werden können. Man braucht keineswegs für jede einzelne Tugend, auf die hin das Kind oder der Jugendliche gebildet werden soll, eine *unmittelbare Einsicht* in die Werthaftigkeit der in Frage stehenden Tugend zu bemühen. Der Appell an das Gewissen, der Hinweis auf Intuition und intentionales Wertfühlen kann ‚geschont" werden, indem man (soweit möglich) an ihre Stelle empirische Verfahren setzt, welche die Zweckhaftigkeit der Erziehungsideale aufzeigen. Aufgrund der empirischen Verfahren wird die Begründung von Erziehungsidealen *intersubjektiv* nachprüfbar; die Gefahr subjektiver Entscheidungen, wie sie erfahrungsgemäß mit dem Hinweis auf das persönliche Gewissen und die eigene sittliche Einsicht droht, scheint somit etwas gebannt zu sein. – Diesen Vorteil wissen die meisten ethischen Systeme zu schätzen. Auch die moderne Moraltheologie bewegt sich „in Richtung auf eine teleologische Theorie ethischer Normierung"[18].

Mit dem teleologischen Begründungsverfahren sind nun einige Probleme verbunden: (a) Was ist genau das „telos", der Letztzweck, der Grundwert, auf den hin die verschiedenen Erziehungsideale ihre Funktionalität ableiten können? (Zu dieser Frage: 4.5) – (b) Die teleologische Begründung stellt sehr hohe Ansprüche an Intelligenz und Erfahrung; sie birgt – trotz oder wegen der empirischen Grundlage – letztlich doch ein höheres Risiko des Fehlurteils in sich als etwa die Befolgung absoluter deontologischer Gebote, die eine bestimmte Handlungsweise gebieten oder verbieten, ohne eine besondere Folgenabschätzung zu erfordern.[19] Können solche Anforderungen an Einsicht und Wissen allen Betroffenen zugemutet werden? Gibt es einen Ausweg? Dieses Problem verweist auf die Notwendigkeit teleologischer Regelsysteme (4.3.3). – (c) Das hohe Ansehen der empirischen Verfahren verleitet oft, unser Wissen in den Human- und Sozialwissenschaften, speziell in der Erziehung, zu überschätzen. Die Zweck-Mittel-Beziehungen zeigen sich aber selten so eindeutig, daß der einzelne daraus problemlos seine (richtigen) Schlüsse ziehen könnte. Ein Weg aus der Unsicherheit kann der rationale Diskurs von Experten und Betroffenen sein.

4.3.2 *Rationaler Diskurs der Experten und Betroffenen*

Um der Komplexität pädagogischer Probleme gewachsen zu sein, ruft man nach der Kompetenz pädagogischer Experten. Von ihnen wird erwartet, daß sie die Vielzahl erzieherischer Ziele (intellektuelle, emotionale, psychomotorische) mit der Vielzahl möglicher Methoden und Mittel zusammendenken können – unter Berücksichtigung der vielfältigen anthropogenen und soziokulturellen Bedingungsfelder; von ihnen wird erwartet, daß sie unerwünschte Nebenwirkungen voraussehen und rechtzeitig Gegenmaßnahmen anregen ... Von ihnen wird insbesondere erwartet, daß sie mit Hilfe ihres erziehungswissenschaftlichen Wissens entsprechende Erziehungsideale angeben können, die zu unbestritten angenommenen Letztzielen hinführen.

Da der Anspruch sehr hoch ist und die Möglichkeiten eines einzelnen im allgemeinen übersteigt, wird bei dieser Aufgabenstellung eher an ein *Team* kompetenter Fachleute zu denken sein. Aufgabe dieses Teams kann *nicht* sein, Letztnormen zu entwickeln und zu begründen; dies bleibt dem *praktischen Diskurs* (vgl. 4.6) vorbehalten. Darum kann und soll das Gespräch der Experten auch *rational-wissenschaftlich* bleiben; das Bekenntnis zu Letzt-Werten ist noch nicht erforderlich, solange die Werte vorgegeben sind und nur die *Zweckrationalität* bestimmter Handlungsziele (und Methoden) zur Sprache kommt. – Beispielsweise kann einem Expertenteam global als Letztziel vorgegeben sein, Kinder und Jugendliche zu befähigen, später das Leben als Staatsbürger und Eltern zu bewältigen.[20] Dem Team obliegt es, die dazu notwendigen Kenntnisse, Fähigkeiten, vielleicht auch Einstellungen zu erarbeiten, welche das Bewältigen des künftigen Familienlebens oder die Bewältigung der Rolle des Staatsbürgers in einer politisch und bürokratisch komplizierten Welt wahrscheinlich ermöglichen. Die Frage, wie die vorgegebenen Ziele ihrerseits legitimiert werden können, liegt zunächst außerhalb der Kompetenz der Experten *als Experten*.

Welche Eigenschaften muß der Fachmann haben, um seiner Aufgabe zu genügen?[21] In erster Linie werden kompetentes Wissen verlangt sowie intime Kenntnisse der Situation. Eine Instanz für pädagogisch-curriculare Entscheidungen könnte etwa aus folgenden Experten zusammengesetzt sein: Fachwissenschaftlern; Repräsentanten der wichtigsten Anwendungsbereiche für das Gelernte sowie Vertreter der anthropologischen Wissenschaften, zu denen auch die Erziehungswissenschaft zählt.[22] – Weiter ist genügend Intelligenz erforderlich, um Gedankengänge der Kollegen nachvollziehen zu können, so daß das Gespräch über den Austausch von Fakten hinausgelangt zu neuen Einsichten. – Darüber hinaus muß der Experte bereit sein, sich an die Regeln strenger rationaler, wissenschaftlicher Argumentation zu halten, Gründe abzuwägen, die eigene Position durch entgegenstehende Fakten in Frage stellen zu lassen und neu zu überdenken. – Schließlich sollte gewährleistet sein, daß nicht eigennützige Interessen den rationalen Diskurs verfälschen. Keiner sollte unnötig der Gefahr ausgesetzt sein, aus Furcht oder aus Parteilichkeit Fakten zu verschweigen und Zusammenhänge zu verschleiern. Obgleich es sich im rationalen Diskurs (im Unterschied zum praktischen) um letztlich empirische, d. h. intersubjektiv nachprüfbare Zusammenhänge handelt, wird es dennoch ratsam sein, jene aus dem Expertenteam herauszunehmen, die unmittelbar und persönlich von einer bestimmten Entscheidung profitieren könnten. Diese Forderung steht meist in Spannung zur ersten, der intimen Faktenkenntnis: Wer Interesse an einer Sache hat, ist im allgemeinen auch am besten über sie informiert. Hier werden meist eine realistische Abwägung der Güter und ein Kompromiß nötig sein.

Vor einem Mißverständnis muß noch gewarnt werden: Der Diskurs der Experten spielt sich keineswegs im sterilen Raum kühler „rationaler" Distanz ab; jede Sachdiskussion bleibt ständig eingebettet in eine Vielzahl sozio-emotionaler Beziehungen. Solange dieses Beziehungsgeflecht nicht erheblich gestört ist, wird das Gespräch relativ sachlich ablaufen. Sind die Beziehungen untereinander aber belastet, werden etwa verborgene Dominanzbestrebungen, Antipathien, Unsicherheiten wirksam, wird das Gespräch vermutlich auch nicht mehr seine Funktion auf der Aufgabenebene (Lösung der Zielfrage) erfüllen können. Die „Rationalität" des Diskurses in der Aufgabenlösung beruht fundamental auf der Herstellung und Pflege positiver sozio-emotionaler Beziehungen. Insofern ist das Gespräch der Experten nicht nur eine Angelegenheit des „Verstandes", sondern immer auch des „Herzens".

Welche Rolle spielen die *unmittelbar Betroffenen* in diesem rationalen Diskurs? Da es nicht um Begründung der Letztnorm geht, sondern um zweckrationale Zusammenhänge zwischen Erziehungszielen (und Aufgabennormen der Erzieher) im Hinblick auf vorgegebene Ziele, muß der Anteil der unmittelbar Betroffenen daran gemessen werden. Es wird sich in erster Linie auf folgende Funktionen beziehen: Die unmittelbar Betroffenen sind am ehesten in der Lage, Informationen über ihre eigene Situation zu geben; sie sind auch am ehesten in der Lage, die Wirkungen pädagogischer (oder allgemein sozialer) Maßnahmen „zurückzumelden". Inwieweit die Betroffenen diese Funktionen im Diskurs erfüllen können, hängt im wesentlichen von Alter und Bildungsgrad ab. Mit zunehmendem Alter, wachsender Einsichts- und Sprachfähigkeit wird auch die Partizipation zunehmen.

4.3.3 Funktion teleologischer Regelsysteme

Bei der Vielzahl von Entscheidungs- und Konfliktsituationen wäre es sehr unpraktikabel, wollte man in jeder einzelnen Situation von neuem alle möglichen Folgen aller möglichen Handlungsalternativen abschätzen: Dies würde einen unangemessenen Zeitaufwand bedeuten; in schwierigen Fällen ein Expertenteam zusammenzurufen, würde auf die Dauer zu hohen Personalkosten führen; sind eigene Interessen betroffen, besteht ständig von neuem die Gefahr, eigennützig und parteilich zu entscheiden.[23] Aus diesem Grund ist es zweckmäßig, *Regeln* einzuführen, welche für bestimmte Situationstypen bestimmte Handlungsweisen vorschreiben; dadurch wird das Abschätzen der Folgen verschiedener Handlungsalternativen erleichtert, wenn es sich nicht sogar erübrigt.

Solche teleologischen Regelsysteme sind im pädagogischen Raum etwa

66

Ausbildungscurricula. Als Ziel ist beispielsweise vorgegeben, jemanden für eine bestimmte Berufsrolle zu qualifizieren. Experten aus Berufspraxis, relevanten Fachwissenschaften sowie anthropologischen Wissenschaften versuchen, die wichtigsten Kenntnisse, Fertigkeiten und Werthaltungen zu entdecken, die erforderlich sind, um einen angestrebten Beruf zu meistern. Auf diese Weise entsteht ein bewußt geplantes System von (dem Letztziel untergeordneten) Lernzielen (in einem ausgereiften Curriculum einschließlich Angabe von Inhalten, Methoden, Medien und Evaluationsverfahren), auf das sich Lernende und Lehrende in ihrem Lehr-Lern-Prozeß berufen können.

Ein solches System von Handlungsregeln muß nicht unbedingt bewußt geplant sein; es kann das Ergebnis ganz allmählicher, über Jahrzehnte oder gar Jahrhunderte hin tradierter Erfahrungen sein. Wenn z. B. in einer Gemeinschaft die wirtschaftliche Prosperität als entscheidendes Kriterium und unbestrittenes Letztziel stillschweigend akzeptiert ist, können daran verschiedene Verhaltensweisen gemessen werden; jene, die sich im Hinblick auf das Kriterium als erfolgreich erweisen, setzen sich ganz notwendig durch; selbstverständlich wird man diese Verhaltensweisen dann auch über den Sozialisationsprozeß der nachfolgenden Generation vermitteln. – Zumindest Teilbereiche unseres „Tugendsystems" mögen auf diese Weise entstanden sein. Jedenfalls läßt sich bei verschiedenen als wünschenswert betrachteten Haltungen deren Funktion im Berufs- und Wirtschaftsleben, ihr „Nutzen", damit auch ihre implizite Begründungsstruktur freilegen: Tugenden wie Fleiß, Ausdauer, Sparsamkeit oder Risikobereitschaft haben durchaus ihre Funktion (nach Positionsinhaber jeweils etwas unterschiedlich) in bezug auf unser Wirtschaftssystem und dessen Erfolg. Als teleologische Regelsysteme finden sie sich z. B. in Sprichwörtern, die die pädagogische Erfahrung wiedergeben: Ohne Fleiß kein Preis; spare in der Zeit, so hast du in der Not; wer nicht wagt, der nicht gewinnt . . .

Teleologische Regelsysteme sind jedoch *kein Grundwertkataloge*. Sie gehen zwar – notwendigerweise – von einer oder mehreren Letztnormen aus, bieten für diese selbst jedoch keine Begründung. Darum besitzen sie auch keine besondere „Weihe" oder Wertautorität. Ihre Autorität beruht einzig auf der Zweckrationalität der Regeln im Hinblick auf die Grundnorm sowie auf der Zweckmäßigkeit eines Regelsystems überhaupt gegenüber jeweils neuen rationalen Überlegungen in aktuellen Situationen.

Deswegen sind die Regelsysteme, im Unterschied zu Moralsystemen, im Konfliktfall leichter zu ändern: sei es, daß die Letztnorm nicht mehr unbestritten gültig ist; sei es, daß sich die Ausgangssituation grundlegend geändert hat; sei es, daß durch neue Erkenntnisse die Zusammenhänge zwischen Letztnorm und Zwischenzielen (Mitteln) anders gesehen werden. Hat sich z. B. in einem Beruf dessen Berufsethos etwas geändert oder wurden in den Wissenschaften, auf denen der Berufsvollzug aufbaut, entscheidende Forschritte erzielt oder erfolgten in den konkreten gesellschaftlichen Anforderungen an den Beruf Verschiebungen, wird sich selbstverständlich auch das System von Ausbildungszielen für die Berufsaspiranten entsprechend ändern müssen. In einer Zeit pädagogischer Reformen erleben wir diesen Prozeß ständig. Dies muß noch nicht Anzeichen für den Verfall der Grundwerte oder deren totale Umwertung sein; allerdings sind Änderungen im Bereich der Grundwerte nicht ausgeschlossen, wegen der wechselseitigen Beziehungen innerhalb des dynamischen Gesellschaftssystems sogar wahrscheinlich. – Solange jedenfalls von unbestrittenen (alten oder neuen) Grundwerten ausgegangen werden kann, genügt im Konflikt der rationale Diskurs der Experten und Betroffenen, dessen Endergebnis wieder ein zweckrationales (teleologisches) Regelsystem sein mag. Er genügt aber nicht mehr, wenn die Grundwert-Basis Risse zeigt oder in verschiedenen Bereichen bereits zerfallen ist.

4.4 Ethische Einsicht

Teleologische Argumente setzen voraus, daß das Ziel („telos") unbestritten akzeptiert ist. Es selbst kann nicht wiederum teleologisch begründet werden. Dies hat schon D. Hume klar erkannt:[24]

„Man frage einen Menschen, warum er Leibesübungen macht, und er wird antworten: weil er seine Gesundheit zu erhalten wünscht. Fragt man ihn dann, warum er Gesundheit wünscht, wird er sofort antworten: weil Krankheit schmerzhaft ist. Forscht man weiter und verlangt einen Grund dafür, warum er Schmerzen haßt, ist es ihm unmöglich, einen anzugeben. Dies ist ein letzter Zweck und wird nie auf einen weiteren Zweck zurückgeführt.
Vielleicht hätte er auf die zweite Frage, warum er Gesundheit wünsche, auch geantwortet, sie sei zur Ausübung seines Berufes notwendig. Fragt man, warum ihm daran gelegen sei, wird er antworten: weil er Geld verdienen möchte. Fragt man weiter: warum?, so sagt er: Geld ist das Mittel zum Vergnügen. Und darüber hinaus nach einem Grund zu fragen, wäre absurd. Ein Fortschreiten in infinitum ist hier unmöglich; es kann nicht immer ein Ding y geben, um dessentwillen ein Ding x gewünscht wird."

Wenn nun das teleologische Argumentieren keine Einigung erreichen kann, ist in aller Regel ein Dissens in der Frage der zugrundeliegenden Sinn-Normen[25], Grundwerte zu vermuten. Gibt es in diesem Fall noch Erkenntnismöglichkeiten, um zu einer unbestrittenen Wertgrundlage zurückzufinden? Oder sind hier die Möglichkeiten sinn-anthropologischen (bzw. ethischen) Argumentierens bereits am Ende? Die folgenden Überlegungen bieten einen Erkenntnisweg an, der vielleicht aus intrapersonalen (ethische Einsicht) und interpersonalen (praktischer Diskurs) Zielkonflikten bezüglich Erziehungsidealen herausführen kann.

4.4.1 Vorteil und Ungenügen empirisch-naturalistischer Erkenntnisverfahren

Die metaethische Theorie des *Naturalismus* versucht, eine Antwort auf moralische Fragen durch *empirische* Erkenntnisverfahren zu erreichen. Moralische Prädikate (wie „richtig", „falsch", „gut", „schlecht", „pflichtgemäß") erweisen sich angeblich als gleichbedeutend mit empirischen Prädikaten (angenehm, nützlich . . .). R. B. Perry begreift z. B. Wert vom Interesse her als etwas Faktisches, das sich empirisch untersuchen läßt. Was immer erstrebt, gewollt, Gegenstand eines Interesses ist, ist eo ipso auch wertvoll.[26] „X ist wertvoll" heißt: „Es besteht ein Interesse an X."

Der naturalistische Ansatz hat den unbestreitbaren Vorteil, daß er von empirisch belegbaren anthropologischen Tatsachen ausgeht: von Interessen und deren Befriedigung, in denen der Mensch Glück erfährt. Lassen sich aber moralische Urteile aus empirischen Erkenntnissen ableiten? Läßt sich aus dem Streben des Menschen nach Selbstverwirklichung das Bild des sich selbst transzendierenden Menschen als Erziehungsideal logisch einwandfrei ableiten? Können von daher alle Kenntnisse, Fertigkeiten und Einstellungen in ihrem Sollens-Charakter aufgewiesen werden, die notwendig sind, um ein Mensch zu sein bzw. zu werden, der zur Hingabe an Aufgaben oder Personen fähig ist?

Unter heutigen Philosophen besteht weitgehend Einigkeit darüber, daß moralische Normen nicht einfach besondere Formen von Tatsachenbeschreibungen sind. Zwar begründen wir moralische Urteile, auch Erziehungsziele, oft genug unter Hinweis auf Tatsachen. An irgendeiner Stelle des ethischen Arguments muß jedoch eine moralische (nicht rein empirische) Prämisse auftauchen. Eine Diskussion über Erziehungsnormen mag folgendermaßen ablaufen: Du *solltest* wirklich mehr in der Schule lernen! – Warum? – Damit du später einen rechten Beruf lernen kannst. – Warum? – Damit du dich und vielleicht die dir Anvertrauten ernähren kannst. – Warum? – Weil man eben für sich sorgen *soll.* (Man könnte noch fortfahren: Damit nicht andere für dich sorgen müssen und du ihnen zur Last fällst. – Aber irgendwann wird doch ein Schlußstrich gezogen, etwa in der ethischen Aussage: Man *soll* anderen nicht zur Last fallen.)

Daß es offenbar nicht möglich ist, moralische Urteile aus Prämissen abzuleiten, von denen nicht mindestens eine ebenfalls moralischer Natur ist, hat D. Hume deutlich erkannt:[27]

„In jedem Moralsystem, das mir bisher begegnet ist, habe ich stets bemerkt, daß der Verfasser eine Zeitlang in der üblichen Weise argumentiert, das Dasein Gottes beweist oder Betrachtungen über die Menschen anstellt. Plötzlich aber muß ich zu meiner Überraschung feststellen, daß mir anstatt der üblichen Verknüpfungen von Worten durch ‚ist‘ und ‚ist nicht‘ kein Satz mehr begegnet, in dem sich nicht ein ‚soll‘ oder ‚soll nicht‘ findet. Dieser Wechsel vollzieht sich unmerklich; aber er ist von größter Wichtigkeit. Denn dies ‚soll‘ oder ‚soll nicht‘ drückt eine neue Beziehung oder Behauptung aus und mäßte daher unbedingt beachtet und erklärt werden.“

Wie wenig ein rein empirischer Sachverhalt ein moralisches Urteil begründen kann, zeigt sich an einem Argument, das Thomas von Aquin in der Summa Theologica (II, II, q. 64, 5) zum Verbot der Selbsttötung vorträgt:[28]

„Jeses Wesen liebt von Natur aus sich selbst; und daher kommt es, daß jedes Wesen von Natur aus sich selbst im Sein zu erhalten sucht und denen, die es vernichten wollen, widersteht, soviel es nur immer imstande ist. Daß also sich einer selbst das Leben nimmt, ist gegen den Naturtrieb und gegen die Liebe, mit der jeder sich selbst lieben muß. Deshalb ist Selbstmord immer schwer sündhaft, weil er gegen das Naturgesetz und gegen die Liebe verstößt.“

A. F. Utz muß in seinem Kommentar zugeben, daß der Beweis „sehr schwach“ ist, „wenn man das Naturgesetz in einer naturhaften Hinneigung zu irgendeinem Ziel, etwa der Selbsterhaltung, verstehen wollte“[29]. Er ergänzt das Argument, indem er die Naturneigung als Bewußtseinsneigung interpretiert, „eine naturhafte Forderung unserer Vernunft und damit naturhaft in uns vorgegeben, also ein uns vom Schöpfer eingeschriebenes Gesetz“. Erst durch den Hinweis auf Gott wird es möglich, „in dem Widerspruch gegen diese Naturordnung des Menschen eine Sünde zu erkennen.“[30].

Wir müssen endgültig die Erwartung aufgeben, Erziehungsideale oder erzieherische Aufgabennormen bis ins letzte mit Hilfe wissenschaftlich anerkannter logischer und empirischer Erkenntnisverfahren zu begründen. Wer aber nur der Logik und Empirie sich anvertrauen will, wer in der Erziehung alle Ziele in diesem Sinn absolut bewiesen haben möchte, begibt sich auf einen gefährlichen unrealistischen Weg, der ihn letztlich zur Untätigkeit verurteilt bzw. den jeweils mächtigsten Strömungen ausliefert. G. W. Allport spricht von einem „katastrophalen Bedürfnis nach Gewißheit, Sicherheit, Bestimmtheit und Ordnung“[31]; er hält es für eine Schwäche der Persönlichkeit, wenn sie ständig nach absoluter Sicherheit strebt, wo diese nicht zu erreichen ist. In einer katastrophalen Entwicklung der Persönlichkeit könnte dies sogar in einem zwanghaften Rationalismus enden.

Wer in der Gefahr ist, nur Logik und Empirie gelten zu lassen, sollte sich daran erinnern, daß die empirischen Wissenschaften selber keineswegs einen absolut sicheren Boden bilden. Einmal ist die den Einzelwissenschaften zugrundeliegende Wissenschaftstheorie letztlich ebenfalls eine Ethik, wie Wissenschaft sein und betrieben werden *sollte*.[32] Zum anderen sind die Aussagen der Wissenschaften bei weitem nicht so empirisch abgesichert, wie die selbstsichere Art und Weise, mit der Wissenschaftsergebnisse zuweilen vorgetragen werden, vermuten läßt: „Die Wissenschaft baut nicht auf Felsengrund. Es ist eher ein Sumpfland, über dem sich die kühne Konstruktion ihrer Theorien erhebt."[33]

Sinn-anthropologische bzw. ethische Aussagen werden heute nicht mehr als falsch oder sinnlos geächtet; man „hält sie nur verschieden von wissenschaftlichen Aussagen"[34]. Um die besondere Eigenart dieser Urteile zu entdecken, müssen wir unser Augenmerk auf das eigene Innere richten.[35] Was geht in uns vor, wenn wir ethische Urteile abgeben? Zweierlei: Eine ethische Aussage ist, worauf Hume und der moderne Emotivismus hinweisen, mit einem Gefühl verbunden; die Aussage hat eine *emotive* und appellative Funktion. Aber sie hat auch eine *kognitive* Funktion; sie kann als wahr oder falsch bezeichnet werden.[36] Denken und Wertfühlen gehen eine innige Einheit ein und machen die charakteristische Eigenart sittlicher Urteile aus. Dies soll im folgenden näher dargelegt werden. Was dabei über das moralische Urteil gesagt wird, gilt gleichermaßen für die sinn-anthropologischen Aussagen, da wir Ethik als angewandte Anthropologie betrachten.

4.4.2 Wertfühlen im ethischen Erkenntnisakt

Für D. Hume scheint es klar zu sein, „daß sich die Endzwecke des menschlichen Handelns nie und in keinem Fall durch die Vernunft erklären lassen, sondern gänzlich den Gefühlen und Neigungen der Menschen anheimgegeben sind, ohne irgendwie von den intellektuellen Fähigkeiten abzuhängen ... Irgend etwas muß um seiner selbst willen und wegen seiner unmittelbaren Harmonie oder Übereinstimmung mit menschlichem Gefühl und menschlicher Neigung wünschenswert sein. – Da die Tugend als Endzweck um ihrer selbst willen, ohne weiteren Lohn und Sold, nur wegen der unmittelbaren Befriedigung, die sie gewährt, wünschenswert ist, muß es ein Gefühl geben, an welches sie rührt, einen inneren Geschmack oder wie immer man es nennen will, etwas, das moralisch Gutes und Böses unterscheidet und das eine bejaht sowie das andere verwirft."[37]

Nun ist die Frage, was ein Gefühl sei, schwer zu beantworten. Einmal ist es schwierig, das Phänomen selbst einigermaßen klar zu fassen; darüber hinaus mangelt es heute an einer gültigen Theorie der Gefühle.[38] Wichtig erscheint zunächst, zwischen Stimmungen und Erlebnistönung auf der einen und Gefühl im engen Sinn auf der anderen zu unterscheiden:[39] Stimmungen und Erlebnistönungen geben in diffuser Weise den Hintergrund für andere Erlebnisinhalte ab; Gefühle dagegen lassen sich als „Figuren" mit deutlichem zeitlichem Einsatz (gegenüber der Zeitform der „Dauer" bei Erlebnistönungen) gegen einen „Grund" von Stimmungen abheben. Obwohl Fühlen und Denken oft als Antipoden betrachtet werden, sind Gefühle ohne das *kognitive* Erfassen von Situationen nicht möglich. Gefühle beziehen sich auf die erlebte Mitwelt und enthalten eine Antriebskomponente, eine Art Handlungsentwurf, der bestimmte Formen der Begegnung mit der Umwelt nahelegt, so daß mit der emotiven Funktion eines sittlichen Urteils (Ausdruck eines Gefühls) zugleich auch eine *praktische* Funktion (Handlungsanweisung) gegeben ist.

Fühlen als Element sinnanthropologischer Aussagen schmälert keineswegs ihre Würde. Im Gegenteil: Dadurch werden sie in die gemüthafte Tiefe der Persönlichkeit eingebettet, so daß die sittliche Ausrichtung des Handelns nicht allein auf dürren rationalen Argumenten ruht, sondern auf der viel stärkeren Einheit von Fühlen und Denken. Problematisch wird es jedoch, wenn die Analyse des Fühlens im sittlichen Werten die kognitive Komponente unterschlägt.

4.4.3 Das kognitive Element

Im Emotivismus wird behauptet, daß eine moralische Beurteilung lediglich Ausdruck eines Gefühls ist, daß Moralbegriffe nur die Funktion haben, die Gefühle mitzuteilen oder hervorzurufen und Auskunft über die persönliche Wertschätzung zu geben.[40] – Demgegenüber bleibt festzuhalten, daß das Gefühl eine unlösbare Einheit mit einem kognitiven Inhalt eingeht und von ihm her seine Eigenart erhält. Mit der emotionalen und praktischen Funktion eines Urteils geht Hand in Hand die Überzeugung, wonach etwas wirklich gut oder schlecht, richtig oder falsch ist.[41] Unsere sittliche Erfahrung scheint doch zu zeigen, daß moralische Urteile nur gerechtfertigt sind, sofern sie *wahr* sind: Sie sind Aussagen mit Wahrheitscharakter über Werte und Verpflichtungen, die sich nicht einfach auf Aussagen über die tatsächlichen Gefühle und Einstellungen menschlicher Wesen reduzieren lassen.[42]

An einem Beispiel sei der Unterschied zwischen einer Aussage über ein Gefühl und einem moralischen Urteil klargelegt. Eltern beobachten an ihrem Kind, daß es sich anderen gegenüber sehr hilfreich verhält, und sie loben es: „Das hast du wirklich gut und richtig gemacht." Sie haben gewiß angenehme Gefühle der Billigung bei dieser Aussage, aber ihr Urteil läßt sich nicht auf die Aussage reduzieren: „Dein Verhalten erweckt in uns äußerst angenehme Gefühle der Billigung." Der letzte Satz sagt lediglich etwas über den Sprechenden bzw. dessen Gefühle aus, der erste dagegen etwas über die Qualität des Angesprochenen.

Die kognitive Funktion eines sittlichen Urteils läßt sich auch nicht zurückführen auf die eines formal-logischen oder empirischen Satzes. Da sich ethische Sätze nicht aus nicht-ethischen ableiten lassen, müssen einige ethische Wahrheiten unmittelbar erkennbar und einsichtig sein, wenn überhaupt ethische Wahrheit erkennbar sein soll. Ein Urteil über Letztwerte kann weder auf einer logischen Deduktion aus irgendwelchen anderen Prämissen noch allein auf einer empirischen Erkenntnis ruhen. Die Erkenntnis von Grundwerten in ihrer Werthaftigkeit ist uns „nach Erreichung genügender Reife und nach Hinwendung unserer ganzen Aufmerksamkeit evident, ohne daß sie noch eines weiteren Beweises bedürften oder auf weiter zurückliegende Evidenzen zurückgeführt werden müßten"[43].

Viele Intuitionisten setzen die Evidenz ethischer Urteile gleich mit der mathematischer oder logischer Axiome. Th. Reid etwa ist von ethischen Wahrheiten ebensosehr überzeugt „wie von einem Satz aus dem Euklid"[44]. Auch nach W. D. Ross sind ethische Urteile „so evident wie mathematische Axiome oder wie die Gültigkeit bestimmter Schlußformen"[45]. Selbst ein so gemäßigter Intuitionist wie A. C. Ewing neigt der Meinung zu, daß die kognitive Seite gegenüber dem mehr praktischen und emotionalen Aspekt unserer Einstellungen Priorität genießt.[46] – Demgegenüber meinen wir, daß Fühlen und Denken in der ethischen Einsicht eine untrennbare Einheit bilden; entweder sind *beide* Elemente gegeben (sowohl die emotional-praktisch-appellative als auch die kognitive), oder die Einsicht ist überhaupt nicht vorhanden. Wo das eine ohne das andere seine Funktion in der ethischen Einsicht nicht ausüben kann, läßt sich überhaupt kein Kriterium finden, nach dem eine Prioritätensetzung nach der einen oder anderen Seite vorgenommen werden könnte.

4.4.4 Die Entwicklung der Fähigkeit ethischer Erkenntnis

Ethische Einsichtsfähigkeit ist nicht einfach mit dem Menschsein gegeben; sie zeigt eine deutliche Entwicklung, wie wir auch eine Entwicklung des Denkens und (weniger bekannt) des Fühlens[47] beobachten. Kohlberg und seine Mitarbeiter haben in verschiedenen Untersuchungen diese Entwicklung nachzuzeichnen versucht. In Längsschnitt- und Kulturvergleichs-Untersuchungen fanden die Forscher sieben kulturunabhängige Stufen der Moralentwicklung:[48]

I. In der *vormoralischen* Stufe versteht das Kind keine Regeln und unterscheidet nicht nach Gut und Böse gemäß Regeln und Autoritäten. Was Spaß macht und spannend ist, ist auch gut; was mit Schmerz oder Angst verbunden ist, ist böse . . .

II. In der *vorkonventionellen* Phase nimmt das Kind kulturelle Regeln auf. Diese Phase teilt sich auf in zwei Stufen:

> Stufe 1: Orientierung an Bestrafung und Gehorsam. Ob eine Handlung gut oder böse ist, hängt von ihren physischen Konsequenzen ab; Strafe wird vermieden; das Kind ordnet sich der nicht hinterfragten Macht unter.
>
> Stufe 2: Instrumentell-relativistische Orientierung. Eine Handlung ist richtig, wenn sie die eigenen Bedürfnisse (bisweilen auch die der anderen) instrumentell befriedigt. Zwischenmenschliche Beziehungen erscheinen als Markt-Beziehungen.

III. In der *konventionellen* Phase gilt es als Wert an sich, ungeachtet unmittelbarer und offensichtlicher Konsequenzen, den Bewertungen der Familie, der Gruppe oder der Nation zu entsprechen; man ist loyal gegenüber der sozialen Ordnung und den Erwartungen einzelner Personen:

> Stufe 3: Orientierung an personengebundener Zustimmung (Ideal des „guten Jungen, netten Mädchens"). Richtiges Verhalten ist, was anderen gefällt und ihre Zustimmung findet.
>
> Stufe 4: Orientierung an Recht und Ordnung. Richtiges Verhalten heißt, seine Pflichten zu tun, Autoritäten zu achten und für die gegebene soziale Ordnung um ihrer selbst willen einzutreten.

IV. In der *postkonventionellen,* autonomen Phase versucht der Mensch, moralische Werte und Prinzipien zu definieren, die unabhängig von einer Autorität gültig sind:

> Stufe 5: Legalistische Vertragsorientierung. Sie ist mit utilitaristischen Zügen verbunden. Die Richtigkeit einer Handlung bemißt sich tendenziell nach allgemeinen individuellen Rechten und Standards, die nach kritischer Prüfung von der ganzen Gesellschaft getragen werden. Man ist sich der Relativität persönlicher Werthaltungen und Meinungen deutlich bewußt und legt dementsprechend Wert auf Verfahrensregeln zur Konsensfindung. Im Gegensatz zur rigiden Aufrechterhaltung von Recht und Ordnung (Stufe 4) wird die Möglichkeit von Gesetzesänderung aufgrund rationaler Reflexion sozialen Nutzens nicht ausgeschlossen.
>
> Stufe 6: Orientierung an allgemeingültigen ethischen Prinzipien. Im Kern handelt es sich um universelle Prinzipien der Gerechtigkeit, der Gegenseitigkeit und Gleichheit der Menschenrechte, um den Respekt vor der Würde des Menschen als individueller Person, um den Kategorischen Imperativ.

Auch wenn die moralische Entwicklung nach Kohlberg die gleiche Stufenfolge durchläuft, erreicht doch nicht jeder Mensch die Stufe 6; eine Untersuchung 16jähriger Jungen in den USA, Taiwan, Mexiko, der Türkei und Yucatan zeigte, daß die wenigsten auf der letzten Stufe standen. Mittelschichtjungen in den USA standen zumeist auf Stufe 5 (man ist konform, um den Respekt eines unparteiischen Zuschauers zu erlangen, der im Sinn der allgemeinen Wohlfahrt urteilt), Jungen aus Taiwan und Mexiko auf Stufe 3 (man ist konform, um Mißachtung von andern zu vermeiden und ihre Zuneigung zu erwerben), Jungen aus Dörfern der Türkei und Yucatan auf Stufe 1 (man muß die Regeln befolgen, um Bestrafung zu vermeiden).[49] Portele vermutet für den deutschen Raum ein Vorherrschen der Stufe 4 (man ist konform, um die Zurechtweisung durch legitime Autoritäten zu vermeiden).[50] Die moralische Entwicklung ist keineswegs ein natürlicher und notwendiger Reifungsprozeß; es bedarf erzieherischer Maßnahmen, um einen Menschen von einer Stufe zur anderen zu führen: Gelegenheit zur Rollenübernahme und sozialen Partizipation; Konfrontation mit Moralkonflikten; vor allem das Angebot von Denkmodellen und moralischen Argumentationen, die eine Stufe höher liegen als die bisher vom Zu-Erziehenden erreichte.[51]

Der kognitiv-entwicklungspsychologische Ansatz Kohlbergs und seiner Mitarbeiter zeigt, daß sich als Quelle der Moral sowohl Umgang und Erziehung als auch ethische Intuition vereinen lassen.[52] Zur Einsicht in die sittlichen Grundwerte gelangt der Mensch über den Weg der Erziehung und Erfahrung, „nach Erreichung genügender Reife und nach Hinwendung unserer ganzen Aufmerksamkeit"[53].

4.5 Sinn-Anthropologie – Inhalt ethischer Einsicht

Weder die metaethischen Überlegungen zur Eigenart der ethischen Einsicht noch empirische Untersuchungen zur Entwicklung der Fähigkeit sittlicher Erkenntnis begründen *inhaltlich* die letzten Sinn-Normen, auf die sich Erziehung stützen könnte (auch wenn in der Stufe 6 moralischer Entwicklung sittliche Grundprinzipien genannt wurden, sind diese noch nicht begründet). Eine (inhaltliche) Antwort soll nun versucht werden.

4.5.1 Das Glück in Selbstverwirklichung und Selbsttranszendenz als Grundwert

Bei der Suche nach einer Antwort ist es ratsam, zu Anfang nicht gleich die Möglichkeit ethischer Einsicht zu überfordern, sondern eher „bieder" zu beginnen. Erfahrungsgemäß sind Menschen im allgemeinen bereit, der Auffassung zuzustimmen, „daß Handlungen insoweit und in dem Maß moralisch sind, als sie die Tendenz haben, Glück zu befördern, und insoweit falsch, als sie die Tendenz haben, das Gegenteil von Glück zu bewirken. Unter ‚Glück' sind dabei Lust und das Freisein von Unlust, unter ‚Unglück' Unlust und das Fehlen von Lust verstanden."[54] Diese Theorie der Moral beruht wesentlich auf der Lebensauffassung, „daß Lust und das Freisein von Unlust die einzigen Dinge sind, die als Endzwecke wünschenswert sind, und daß alle anderen wünschenswerten Dinge . . . entweder deshalb wünschenswert sind, weil sie selbst lustvoll sind oder weil sie Mittel sind zur Beförderung von Lust und zur Vermeidung von Unlust."[55]

Diesem *Utilitarismus* wurde von seiten metaphysischer Moraltheorien mangelnder Tiefgang vorgeworfen; manche Menschen stoßen sich auch an dem „Lust"-Begriff. Aber schon die Epikureer haben sich gegen die Unterstellung gewandt, daß Menschen keiner anderen Lust fähig sind als der, deren auch Schweine fähig sind. Es kommt offensichtlich darauf an, *was* unter Glückserfahrung, Interessenbefriedigung und Genuß eines lebenswerten Lebens verstanden wird.

Th. Hobbes hat seine Überlegungen mit der entscheidenden Beobachtung begonnen: „Das erste Gut ist für jeden die Selbsterhaltung. Denn die Natur hat es so eingerichtet, daß alle ihr eigenes Wohlergehen wünschen."[56] Als physisches Wohlergehen bedeutet dies Gesundheit, Nahrung, Kleidung, Unterkunft, Fortpflanzung . . . Nun ist es anthropologische Erkenntnis, daß die Grundbedürfnisse in einer hierarchischen Ordnung aufeinander bezogen sind, „so daß die Befriedigung eines Bedürfnisses und die konsequente Entfernung aus dem Zentrum der Aufmerksamkeit nicht einen Zustand der Ruhe oder stoischen Apathie mit sich bringen, sondern eher das Auftauchen eines anderen ‚höheren' Bedürfnisses im Bewußtsein"[57]. Wenn für die körperlichen Bedürfnisse hinreichend gesorgt ist, sucht der Mensch Glück in der Befriedigung seines Strebens nach (wirtschaftlicher und finanzieller) Sicherheit, nach der Geborgenheit eines Heimes und der Bestätigung im Kreis der Bezugsgruppe (Familie, Freunde), nach der Sicherheit, Anerkennung und Würde in der beruflichen und gesellschaftlich-politischen Gemeinschaft . . .[58]

Haben (gesunde) Menschen ihre Grundbedürfnisse nach Sicherheit, Geborgenheit, Liebe, Achtung und Selbstbewußtsein ausreichend befriedigt, streben sie nach Freiheit für volle Entfaltung ihrer Talente und Fähigkeiten, für die Verwirklichung des Selbst.[59] Solange im Menschen noch seelische Energie steckt und er nicht durch schwere Enttäuschungen zurückgeworfen wird, strebt er über die reine Selbsterhaltung hinaus zu „schöpferischer Expansion"[60]. Er findet sein Glück im Suchen und Entdecken der Wahrheit, im Schaffen schöner Dinge (in Form und Harmonie) sowie deren (ästhetischen) Genuß[61], im Gestalten gerechter

76

(politischer und wirtschaftlicher) Strukturen, im sozialen Einsatz für andere (Güte, Selbstlosigkeit, Freundlichkeit[62]) und/oder in der sinnerfüllten Einheit von Glaube und Handeln (durch Religion und Weltanschauung).[63] Glück findet somit der Mensch in einer letzten Aufgipfelung in der Hingabe an eine Aufgabe oder im Einsatz für andere; denn letztlich kann er sich nur in dem Maße selbst verwirklichen, „in dem er einen Sinn erfüllt – draußen in der Welt, aber nicht in sich selbst"[64]. Der ethische Ansatz beim „Glück" des Menschen sprengt den platten Egoismus auf die *Selbst-Transzendenz* hin.

Ist mit dem Aufweis der Tendenz zur Selbstverwirklichung bereits die Antwort gegeben auf die Frage nach der Letzt-Norm jeder pädagogischen Praxis? A. H. Maslow stellt die These auf: „Wir können im Prinzip eine deskriptive, naturalistische Wissenschaft der menschlichen Werte haben."[65] Man muß seines Erachtens nur eines tun: die „hochentwickelten, reifsten, psychologisch gesündesten Individuen" untersuchen oder auch die Grenzerfahrungen (besonders Glückserfahrungen) durchschnittlicher Individuen, in denen sie vorübergehend selbstverwirklicht sind.[66] Die großen Werte und ewigen Tugenden sind dann ungefähr das, „was wir als freie Entscheidungen in der guten Situation derjenigen Menschen finden, die wir als relativ gesund (reif, entwickelt, selbstverwirklicht, individuiert usw.) bezeichnen, wenn sie sich am besten und am stärksten fühlen"[67]. Mit Hilfe dieses naturalistischen und deskriptiven Verfahrens hätte man der Werttheorie eine empirische Grundlage gegeben und könnte den alten Streit der Philosophen zwischen „Sein" und „Sollen" endgültig begraben.[68]

Aber schon E. Spranger hat festgestellt: „Eine psychologische Untersuchung hat nicht das Recht und die Möglichkeit, ethische Werturteile zu fällen."[69] Selbst wenn man Maslows „Philosophie vom Menschen"[70] weithin in ihren ontischen Aussagen folgt, darf man nicht in einen naturalistischen Fehlschluß verfallen (vgl. 4.4.1). Das Vorhandensein einer „natürlichen" Tendenz im Menschen sagt noch nichts über ihre Werthaftigkeit. Maslow selbst weist darauf hin, „daß die Tendenz, in Richtung auf die volle Menschlichkeit und Gesundheit hin zu wachsen, nicht die *einzige* Tendenz ist, die man im Menschen finden kann"[71]. Man kann bei demselben Menschen Todeswünsche, Tendenz zur Angst, Abwehr, Regression vorfinden: „Es gibt zwei Arten von Kräften, die am Individuum zerren, nicht nur eine. Zusätzlich zum Drang in Richtung auf Gesundheit gibt es auch den ängstlich-regressiven Drang zurück zur Krankheit und Schwäche."[72] Welches ist dann aber die „richtige, gesunde" Entwicklung zur Reife, Selbstverwirklichung, Individuation?

Wohl jedermann wird auf eine solche Frage antworten: Es ist doch ein Unsinn, einen hassenden Menschen für wertvoll, einen liebenden für krank, unreif, „wertlos" zu halten; es ist doch ein Unsinn, Aggression und Destruktion als Wert, Hingabe an eine Aufgabe oder an Personen als Unwert zu betrachten! Was folgt aus dieser selbstverständlichen und klaren Antwort? Daß sittliche Einsicht im Grunde eine sehr einfache Sache ist! Wir halten ganz selbstverständlich die Entwicklung zur Güte, Selbstlosigkeit, Gerechtigkeit, Wahrhaftigkeit und anderen Tugenden für richtig, wertvoll und wünschenswert. Die Einsicht in die *Werthaftigkeit* all dieser Haltungen ist aber *keine rein empirische Tatsachenfeststellung,* sondern eine *ethische Einsicht.* Wenn man als Erzieher oder Therapeut bei einem Menschen Stillstand, Fixierung, Regression und Verteidigungshaltung ausmacht, so liegt diesem Urteil bereits eine sichere und selbstverständliche ethische Einsicht, eine sinnanthropologische Vorstellung darüber zugrunde, welche Möglichkeiten als Werte im menschlichen Leben entfaltet werden sollen. Der naturalistische Fehlschluß beweist zwar keine ethische Aussage, aber er weist auf die Leichtigkeit und Selbstverständlichkeit hin, mit der wir Reife von Unreife, Wert von Unwert, Gut von Böse unterscheiden.

Der Ansatz beim Glück des Menschen in der Selbstverwirklichung zeigt zugleich auch, daß die anthropologischen Grundwerte keineswegs in erster Linie als drohende „Du-sollst-Forderungen" aufgestellt werden müssen. Vielmehr drücken sie ihren Charakter des schlechthin Seinsollenden primär als „lockende" Möglichkeiten des idealen und glücklichen Menschseins aus. Die Begegnung mit einem Menschen, der wenigstens ansatzweise Güte, Selbstlosigkeit, Gerechtigkeit und Wahrhaftigkeit verwirklicht, wirkt zunächst begeisternd und bewegt zur Nachfolge; die Begegnung wird aber unangenehm und sogar bedrohlich, wenn man selbst nicht gewillt ist, diese anthropologischen Werte zu verwirklichen: Dann erst – so scheint es – zeigen sie ihr unerbittlich forderndes Wesen, das fälschlicherweise mit ihrem „moralischen Wesen" gleichgesetzt wird.

4.5.2 Ziele der Erziehung

Der aufgewiesene anthropologische Zentralwert, die Selbstverwirklichung (in der Franklschen Kurzformel: als Hingabe an eine Aufgabe oder Personen) ist selbstverständlich auch für die Erziehung der Grundwert. Vom sinnanthropologischen Menschenbild eines Lebens in Wahrheit, Gerechtigkeit, Güte und Sinnerfüllung (in Religion und Weltanschauung) können *teleologisch* andere Erziehungsideale abgeleitet werden, etwa all jene Wissensinhalte, Fähigkeiten und Einstellungen, die wiederum für ein sinnverwirklichendes Leben die Voraussetzung sind. Um beispielsweise gütig zu sein, muß man fähig sein, in einer bestimmten Situation Not zu erkennen, sich in einen anderen hineinzudenken, Mittel und Wege zur Hilfe zu finden; man muß insbesondere fähig sein, diese Mittel einzusetzen oder den Betroffenen zur Selbsthilfe zu befähigen.

Damit der Mensch den Weg der Selbstverwirklichung geht, müssen die Bedürfnisse nach Sicherheit, Geborgenheit, Zuwendung, Achtung ausreichend befriedigt sein. Es wäre eine zynische Überforderung, von einem Menschen Selbstentfaltung als sittliches Ziel zu verlangen, wenn seine Selbsterhaltung nicht genügend gesichert ist. Von einem Kind, das keine oder wenig Zuneigung und Achtung erfahren hat, kann man kein selbstloses gütiges Verhalten verlangen – und zwar primär aus Gründen der Persönlichkeitsentwicklung! Würde man dennoch Güte als unbedingt gesollten Wert darstellen, bekäme das gesamte Moralsystem im Denken und Empfinden des Kindes vermutlich den Charakter eines unerbittlich drohenden, aber (von ihm) nicht zu erfüllenden Gesetzeskatalogs, dessen Zweck anscheinend darin besteht, den Menschen schuldig werden zu lassen.

Für Eltern und Erzieher ergeben sich daraus verschiedene *Aufgabennormen:* Sie haben für eine Erziehungssituation der physischen und psychischen Geborgenheit und Sicherheit, für Zuneigung und Achtung zu sorgen, damit die Bedürfnisentwicklung und eng damit verbunden die sittliche Entwicklung des Zu-Erziehenden gewährleistet bleibt. Dabei kann die Befriedigung der Grundbedürfnisse, da sie Glück bereitet, ebenfalls als Wert (und nicht nur als Mittel) betrachtet werden. Das ist sogar ratsam; man würde sonst auf dem Weg zum „idealen Menschsein" zu leichtfertig die vielen Freuden des Lebens unterschätzen, die in der Befriedigung der Selbsterhaltung liegen.

Erziehung führt – unter dem anthropologischen Zentralwert – zur Freiheit und Selbständigkeit. Die in der Befriedigung der Grundbedürfnisse offensichtlich größere Abhängigkeit von der Umwelt sollte einer allmählichen *Autonomie* weichen. Dies bedeutet, daß der Zu-Erziehende allmählich lernt, für seine Grundbedürfnisse selbst zu sorgen. Daraus ergibt sich wiederum eine Reihe von Erziehungszielen: Der Zu-Erziehende muß allmählich all jenes Wissen, jene Fertigkeiten und Einstellungen gewinnen, die ihn befähigen, für seine Nahrung, Kleidung, Unterkunft und sein Einkommen zu sorgen; er muß befähigt werden, für seine Rechtssicherheit, für sein gesellschaftliches und berufliches Ansehen, seinen Erfolg und seine Unabhängigkeit zu sorgen; er muß dazu befähigt werden, die Zuneigung und Liebe anderer zu erlangen . . .

In einer Curriculum-Theorie wird als oberstes Ziel angegeben, die Schüler zur „Bewältigung von Lebenssituationen" zu befähigen.[73] Diese Formel läßt noch offen, für welche Situation vorbereitet werden soll.[74] Im vorliegenden Entwurf bekommt dieses Ziel seine erziehungsphilosophische

Begründung vom anthropologischen Zentralwert her und zugleich seine teleologische Funktion, insofern die Bewältigung der Selbsterhaltung (insbesondere die Bewältigung beruflicher und gesellschaftlicher Anforderungen) notwendige Stufe zur Selbstentfaltung ist.

4.5.3 Kulturelle Vielfalt der Wertverwirklichung

Dem Versuch, Erziehungsideale vom Streben nach Selbstverwirklichung her zu begründen, steht ein gewichtiger Einwand entgegen: Zeigen nicht kulturanthropologische Forschungen eine große Plastizität der Strebungen? Sind Wertvorstellungen nicht letztlich kulturell bedingt und gesellschaftlich vermittelt? Können unterschiedliche Prioritätensetzungen bei Erziehungszielen (vgl. 3.5) innerhalb einer Gesellschaft als irrelevant vergessen werden?

Früher gingen Human- und Sozialwissenschaftler von der Arbeitshypothese aus, unterschiedliche ethische Maßstäbe seien im Kulturvergleich die Regel. „Heute sind vermutlich die meisten Sozialwissenschaftler der Meinung, daß es bei Individuen und sozialen Gruppen zwar *einige Unterschiede* in den grundlegenden ethischen Axiomen gibt, jedoch keinesfalls unbegrenzt viele ... Dieser gegenwärtige Trend ist wahrscheinlich das Ergebnis jener Aufmerksamkeit, die man seit einiger Zeit dem Funktionieren sozialer Systeme sowie der Untersuchung widmet, ob und inwieweit soziale Institutionen zur Befriedigung wesentlicher menschlicher Bedürfnisse und zur Erhaltung der Gruppe als einer dauerhaften Einheit beitragen."[75]

R. B. Cattell hat in faktorenanalytischen Untersuchungen einige dynamische Verhaltensmuster im Menschen entdeckt, die als erbmäßig erworbene Quellen psychischer Energie, als Triebe, über die Kulturen hinweg gültig sind: Hunger, Sexualität, Kampflust, Furcht, Selbstbehauptung, Sicherheit, Selbstunterwerfung, Hilfesuchen, Geselligkeit, elterliche Fürsorge, Neugier ...[77] Sie enthalten seines Erachtens einen „biologischen kategorischen Imperativ", ein Ziel in sich selbst, „über dessen Wert nicht mehr gestritten werden kann"[78]. Eine angemessene Befriedigung dieser Bedürfnisse erscheint sinnvollerweise nicht mehr hinterfragbar.

Hinsichtlich des besonderen Inhalts, der Form sowie des Zeitpunktes und der Dauer der Befriedigung mag es kulturelle und individuelle Unterschiede geben. An dem einleuchtenden Beispiel des Hungers läßt sich zeigen, daß es unterschiedliche „Nationalgerichte" gibt, unterschiedliche Essensgewohnheiten, Essensrhythmen usw. Ähnliches läßt sich zur Befriedigung anderer Grundbedürfnisse des Menschen aufzeigen. Diese Plastizität ist gegeben, aber nicht unendlich und beliebig; die verschiedenen Möglichkeiten bleiben teleologisch auf das Streben hingeordnet.

Grenzen kultureller Plastizität zeigen aber nicht nur die biologischen Grundbedürfnisse und ihre Befriedigung; auch Ideale wie Wahrheit, Gerechtigkeit, Liebe sind in ihrer Werthaftigkeit nicht ohne weiteres kultureller Beliebigkeit ausgesetzt. In der konkreten Verwirklichung wird es natürlich kulturelle (und individuelle) Unterschiede geben.[79] Über die Kulturen hinweg wird jedoch beispielsweise Freundschaft als Wert gesehen, Haß aber nicht.[80] Sie Plastizität, welche die Kulturanthropologie nachweisen konnte, ist keineswegs total.

Andererseits kann diese Plastizität auch eine Warnung sein, bestimmte Formen der Selbstverwirklichung nicht als die allein gültigen zu behaupten. Man muß darum nicht nur von der *Pluralität der Werte*[81] in der ethischen Argumentation ausgehen, sondern auch immer die Möglichkeit *unterschiedlicher Verwirklichung* im Auge behalten. Dies führt zur Grenze ethischer Einsicht als einziger Lösungsgrundlage für interpersonale Wertkonflikte. Die Notwendigkeit des „praktischen" Diskurses wird sichtbar.

4.6 Der praktische Diskurs

4.6.1 Seine Notwendigkeit

Mit dem Aufweis der ethischen Intuition als Quelle ethischer Erkenntnis sind noch nicht alle offenen Fragen beantwortet. Ein erstes Problem liegt in der Evidenzmethode als solcher: Wie lassen sich echte von *Scheinevidenzen* unterscheiden? Es gibt kein objektives, intersubjektives Kriterium, das uns im Zweifelsfall sagen könnte, von welcher Art die behauptete sittliche Einsicht ist. – Ein weiteres Problem: Das Vertrauen auf die sittliche Intuition allein (Intuitionismus) verleitet u. U. dazu, das Suchen nach fundamentalen Prinzipien und Grundwerten zu früh und zu einem *willkürlichen* Punkt einzustellen.[82] Selbst wenn die Suche auf dem richtigen Weg ist, mag manches als in sich evidente Pflicht behauptet werden, was teleologisch auf ein tieferliegendes Prinzip zurückgeführt werden kann.[83] Die Problematik der Evidenzmethode wird noch deutlicher, wenn man die Tatsache unterschiedlicher Reifung bzw. *Entwicklung moralischen Denkens* mit ins Kalkül zieht.[84] Dabei bezieht sich die kritische Anfrage an die moralische Entwicklung im Raum der Erziehung nicht nur auf die Zu-Erziehenden, sondern ebenso auf den Erzieher selbst: Handelt er als absolut regeltreuer und gehorsamer Mitarbeiter, der um jeden Preis Auseinandersetzungen mit übergeordneten Instanzen vermeiden will (nach Kohlberg: Stufe 4)? Oder handelt er ganz im Sinne einer „good-boymorale": alles vermeidend, was anderen mißfallen könnte, um die Zustimmung der Zu-Erziehenden und der eigenen Mitarbeiter buhlend (Stufe 3)?

Mit der unterschiedlichen Moralentwicklung ist zugleich auch die *unterschiedliche Entwicklung der Interessen* und Strebungen angesprochen. Jeder Mensch hat in jeder Periode seines Lebens eine jeweils vorherrschende komplexe Gruppe von Bedürfnissen und Interessen, die zur Befriedigung drängen. Erst wenn das vorherrschende Bedürfnis hinreichend befriedigt ist, tritt das nächsthöhere hervor. So setzt Selbstentfaltung voraus, daß die Bedürfnisse der Selbsterhaltung befriedigt sind. Darum kann man nicht nur die Interessen des Wachsens als Werte betrachten (etwa Wahrheit, Güte und Schönheit); der Mensch braucht ebenso die „überlebensbezogenen und/oder homöostatischen Werte des Friedens und der Ruhe, des Schlafens und des Rastens, des Aufgebens, der Abhängigkeit und Sicherheit oder des Schutzes vor der Realität und der Entlastung von ihr"[85]. Wie kann nun in einem *interpersonalen* Konflikt, in dem die Partner unterschiedliche berechtigte Interessen haben, entschieden werden, welcher Wert der „wertvollere" ist?

Im pädagogischen Raum bezieht sich der Gedanke unterschiedlichen Interessenstandes wiederum nicht nur auf die Zu-Erziehenden. Auch Eltern und Erzieher streben keineswegs ausschließlich Selbstverwirklichung an: Sie sind nicht immer einzig von der selbstranszendierenden Hingabe an die erzieherische Aufgabe, von der selbstlosen Hingabe an die Zu-Erziehenden beseelt, sie denken nicht nur an das Wohl der ihnen Anvertrauten (wie es ein ideales Berufsethos erwartet). Eltern und Erzieher wollen auch einmal ihre Ruhe haben; oder sie handeln, um die Zuneigung der Zu-Erziehenden zu erhalten bzw. nicht zu verspielen; oder sie erstreben über die Leistungen der Kinder und Jugendlichen gesellschaftliches Ansehen, behandeln sie als Prestigeobjekte; oder sie sehen in den Kindern primär die Garanten ihrer späteren Altersversorgung, als Mittel der Existenzsicherung ... Diese Interessen sind nicht die „höchsten"; sie haben gegenüber den Interessen der Zu-Erziehenden keine Prävalenz. Wie soll es dann im Konfliktfall zu einer gerechten Entscheidung kommen?

Eine naheliegende, weil häufig beobachtete Möglichkeit ist es, die Entscheidung zur Machtfrage werden zu lassen. Der Konflikt wird dadurch gelöst, daß sich der Stärkere durchsetzt: Recht hat, wer die Macht hat! Die philosophische Ethik, als wissenschaftliche Untersuchung darüber, „wie *möglichst* rational zu handeln ist"[86], versucht, auch dann noch eine vernünftige Konfliktlösung anzubieten, wenn der Verweis auf die ethische Einsicht nicht mehr ausreicht. Ein Lösungsweg liegt im Praktischen Diskurs.

4.6.2 Aufgabe und Bedingungen

Im Unterschied zum rationalen Diskurs (teleologische Begründung von Mitteln und Zwischenzielen auf unbestrittene Ziele hin: vgl. 4.3) geht es im praktischen Diskurs um die *Zielfindung* selbst. Die Problemstellung liegt nicht in unterschiedlichen Vorstellungen über den besten Weg zum Ziel, sondern darin, daß die Betroffenen unterschiedliche Ziel- und Wertvorstellungen bzw. zu deren Rangfolge haben. Da die Annahme von Grundwerten letztlich auf der ethischen Einsicht (als Einheit von persönlicher Einsicht und Wertfühlen) und nicht auf Intersubjektivität beruht, dennoch ein möglichst vernünftiges Verfahren angestrebt wird, bietet sich die *Trans-Subjektivität* an: Ein Handlungsziel gilt als „begründet", wenn es die Zustimmung *aller* vom Handeln Betroffenen finden kann.[87] Damit ist der alte philosophische (und theologische) Gedanke des „consensus omnium" wieder aufgegriffen. Die Kommunikationsgemeinschaft der an einem praktischen Diskurs Beteiligten wird zur Instanz der Prüfung, Anerkennung oder Verwerfung von Normen.[88]

Bedingung dieser transsubjektiven Orientierung ist eine ideale Sprechsituation. Zum einen darf die Kommunikationsgemeinschaft nicht durch Sanktionen bedroht sein. Zum anderen müssen die Beteiligten bereit sein, die theoretischen und praktischen Orientierungen ihres Handelns in Frage stellen zu lassen[89]: d. h. auch die Bedürfnisinterpretationen selber, also das, was jeder einzelne als seine „wahren" Interessen verstehen und betrachten zu sollen glaubt, werden Gegenstand des praktischen Diskurses.[90] Da die Beteiligten nicht als Experten eines rationalen Diskurses gefordert sind, sondern in ethischer Argumentation aus unterschiedlichen (berechtigten und damit wertvollen) Interessen auswählen bzw. einen Kompromiß zustande bringen sollen, werden von ihnen nicht nur Intelligenz und Wissen erwartet, sondern „Tugenden der moralischen Einsicht", vor allem „Gerechtigkeitssinn".[91]

Damit sind an die gesellschaftliche Situation und an die Gesprächspartner des praktischen Diskurses als Bedingungen der Möglichkeit sehr hohe Anforderungen gestellt, die selbst nicht Wert des unter ihnen erst beginnenden transsubjektiven Begründungsverfahrens sein können. Auch die Transsubjektivität ist kein letzter Rettungsanker, sondern ruht ihrerseits auf einer bestimmten *ethischen Substanz:* auf einem hohen sozialphilosophischen und sinn-anthropologischen Ethos.

83

4.6.3 Anwendung im pädagogischen Handeln

Welche Möglichkeiten bestehen im pädagogischen Raum für den praktischen Diskurs? Im allgmeinen entscheiden ja Eltern, Erzieher, Experten,
Curriculumforscher, „was und warum der ‚unmündige' Heranwachsende
zu lernen hat"[92]. Man könnte nun sogleich darauf erwidern, daß dies völlig
in Ordnung ist; denn schließlich besteht ein Gefälle zwischen Erziehendem
und Zögling. Dennoch haben wir allen Grund, die unmittelbar Betroffenen
stärker in den Entscheidungsprozeß über die Ziele pädagogischen
Handelns einzubeziehen.

Sofern man Selbstverwirklichung in *Freiheit* als zentralen anthropologischen Wert annimmt[93], ergibt sich aus innerer Logik dieser Sinn-Norm
bereits die Forderung nach immer stärkerer Beteiligung der Zu-Erziehenden. – Außerdem ist es von einer realistischen Anthropologie her
einsehbar, daß die Entwicklung von Werthaltungen, Tugenden nicht
zentral und minutiös durch Eltern und Erzieher „von oben herab" geplant
und in raffinierter Strategie „eingepflanzt" werden kann. – Schließlich ist
zu bedenken, daß Erzieher nicht immer ihr hohes Berufsethos verwirklichen und ganz auf das Wohl des Zu-Erziehenden ausgerichtet sind,
sondern durchaus eigene Interessen in der Erziehung verfolgen, die in
Konkurrenz zu den mindestens ebenfalls so berechtigten Interessen und
Bedürfnissen der Zöglinge treten. – In unserer demokratisch orientierten
Gesellschaft wäre der Ausschluß der unmittelbar Betroffenen vom
Zielfindungsprozeß auch ein Widerspruch in einem gesellschaftlichen
Teilsystem, den man sich im Hinblick auf die Zukunft dieser demokrati-
schen Gesellschaft, auf ihr Weiterbestehen nicht leisten kann.

Aus den angeführten Gründen ergibt sich die Notwendigkeit, die Zu-
Erziehenden stärker an der Begründung und Auswahl von Erziehungszie-
len zu beteiligen.[94] Eine „Expertokratie", die in geschlossenen Curricula
Ziel und Wege vorstrukturieren und standardisieren möchte, ist völlig
ungenügend – zumindest wenn es um die Entwicklung von Werthaltungen
geht. – Ebenso ungenügend wäre freilich auch der völlige Rückzug von
Eltern und Erziehern aus dem Zielfindungsprozeß, die totale Orientierung
an den manifesten subjektiven Interessen und Bedürfnissen der Zu-
Erziehenden.[95] Der praktische Diskurs fordert das Gespräch *aller* am
Geschehen Beteiligten.

Der praktische Diskurs über Erziehungsziele ist allerdings von zwei
wichtigen Merkmalen geprägt: (1) Erziehung ist nur dort sinnvoll, wo
zwischen Erziehendem und Zögling in bezug auf den Erziehungs- und
Bildungsinhalt ein *Gefälle* besteht. (2) Es gehört zur Rolle und zum *Ethos*
der Eltern, Lehrer und Erzieher, dieses Gefälle durch Einwirkung auf die
Entwicklung des Zu-Erziehenden zu verringern. Was bedeutet dies für den

Diskurs? Die unmittelbar Betroffenen werden in ihm ihre *eigenen* Interessen und Entwicklungswünsche artikulieren; von der Rolle und dem mit der Rolle verbundenen Berufsethos der Erzieher her wird dagegen erwartet, daß sie – außer der Äußerung ihrer persönlichen Interessen – in erster Linie ihre Interessen und Zielvorstellung zur Entwicklung der Zu-Erziehenden (!) darlegen. Aufgrund des Gefälles – verbunden mit dem Ethos („Zum Wohle des Zu-Erziehenden/Zu-Bildenden!") – kann das Urteil der Erziehenden ein besonderes Gewicht im Diskurs erhalten.

Wenn beispielsweise in der Erwachsenenbildung Bildungsziele ausgehandelt werden, kann im allgemeinen erwartet werden, daß die Erwachsenen ihre Interessen reflektieren und sprachlich darlegen können; außerdem ist zu erwarten, daß aufgrund ihrer Erfahrung und der Entwicklung ihrer Interessen und ihrer „Moral" die manifesten Ziele weithin auch als Bildungsziele angenommen werden können. Damit der Erwachsenenbildner nicht zum reinen Erfüllungsgehilfen und Bildungstechnologen degradiert wird, muß auch er mit den Zielen einverstanden sein und dies äußern.
– Je jünger die Zu-Bildenden jedoch sind, desto geringer ist die Fähigkeit, die eigenen Interessen zu formulieren. Insbesondere aber sind sowohl der Stand der Interessen als auch die moralische Entwicklung noch „niedrig". Aufgabe der Erziehenden ist es, die Entwicklung zu unterstützen, Fehlentwicklungen und Rückschritte zu verhindern. Das große Gefälle in bezug auf Wissen, Erfahrung, Fähigkeiten, Bedürfnis- und Moralentwicklung führt dabei zu einem starken Gewicht des Urteils der Erziehenden. Da aber ohne Schaden der Entwicklung keine Stufe übersprungen werden darf[96], da außerdem jede Entwicklung einmalig ist (vgl. 2.2), müssen die Interessen der unmittelbar Betroffenen unbedingt in den praktischen Diskurs eingebracht werden – vor allem dann, wenn sie von den Eltern und Erziehern erst aus dem Verhalten des Kindes und Jugendlichen erschlossen werden müssen.

4.6.4 Grenzen des praktischen Diskurses

Der „herrschaftsfreie Dialog" setzt ideale institutionelle und soziale Bedingungen voraus. Überschätzen wir in unserer Gesellschaft nicht die Möglichkeiten sanktionsfreier Diskussion?[97] Betrachtet man praktische Diskurse in Konferenzen und Mitarbeiterbesprechungen, entdeckt man nur zu oft ausgeprägte hierarchische Strukturen der Über- und Unterordnung sowie stark affektiv geladene Beziehungen, die das Gespräch zum Machtkampf geraten lassen.[98] Da werden an die Gesprächspartner hohe ethische Anforderungen gestellt, wenn der Diskurs gelingen soll.
Eine absolute Grenze des Gesprächs ist erreicht, wenn jemand seine

grundlegenden sittlichen Überzeugungen, seine ethische Substanz aufgeben müßte. Gegen ein solches Ansinnen wendet sich A. C. Ewing mit aller Deutlichkeit:[99]

„Wir sollten Mut zu unseren Überzeugungen haben, auch wenn niemand uns zustimmt. Selbst die *Gewißheit* einer ethischen Aussage wird nicht dadurch aufgehoben, daß irgendein Schurke vor der Wahrheit dieser Aussage, die er nicht sehen will, die Augen verschließt oder daß irgendein Dummkopf diese Wahrheit zu sehen nicht fähig ist. Wir brauchen nicht zu bezweifeln, daß es falsch war, Juden in Konzentrationslager zu stecken, nur weil einige Nazis sich einredeten, es sei richtig."

Diese Grenze des Diskurses hinsichtlich der persönlichen ethischen Einsicht (und Identität) wird auch von jenen eingesehen, die die Notwendigkeit des Diskurses betonen.[100] – Um nicht in einen reinen Machtkampf zurückzufallen, bleibt als „zweitbeste Lösung" in diesem Fall manchmal (nicht immer!) die formaldemokratische Abstimmung; sie bringt gewiß keine transsubjektive Zielbegründung durch die Zustimmung „aller", aber sie vermeidet Schlimmeres.

Schließlich liegt eine Grenze des praktischen Diskurses dort, wo die ständige Diskussion der Ziele und Interessen das Handeln selbst blockiert[101], die längerfristige Orientierung einer Gemeinschaft unmöglich macht und damit deren Existenz gefährdet. Das kann auf keinen Fall im wohlverstandenen Interesse der Menschen sein. Der drohenden Gefahr entgegenzutreten, ist das Anliegen jener, die den Vorrang geltender Grundwerte verteidigen.

4.7 Vorrang des geltenden Moralsystems

Ein praktischer Diskurs über Erziehungsideale stellt hohe intellektuelle und sittliche Anforderungen an die Gesprächspartner; er kann sich – gerade wenn er ernsthaft geführt wird – über lange Zeit hinziehen; in dieser Zeit bindet er die Kräfte und verhindert das notwendige Handeln. Außerdem kann es sich keine Gesellschaft auf lange Sicht leisten, ohne klare und überdauernde Zielvorstellungen die Sozialisation der nachfolgenden Generation dem Wildwuchs zu überlassen. In der Gemeinsamkeit der Wertvorstellungen liegt letztlich die Identität der Gesellschaft; ohne diese treibt sie dem Zerfall entgegen.

In dieser Situation erscheint es ratsam, nicht immer wieder beim „Punkt Null" zu beginnen und für jede neue Handlungssituation einen praktischen Diskurs einzuleiten, sondern auf das *bestehende* Moralsystem, den Grundwertkatalog zurückzugreifen. Dieses Moralsystem kann als Ergebnis eines seit Generationen (und auch weiterhin) dauernden praktischen

Diskurses betrachtet werden. Es mag als Sammlung bislang bewährter Entscheidungen über letzte Sinn-Normen gelten. Da – im Unterschied zu teleologischen Regelsystemen – das Moralsystem nicht nur den Mitteleinsatz zu unbestritten vorausgesetzten Zielen regelt, sondern ein System dieser Letztziele selbst ist, beruht seine Autorität nicht nur auf Zweckrationalität, sondern genießt eine besondere Weihe und Würde, die über das Ansehen einer bloßen „Faustregel" weit hinausgeht.[102] Wo finden sich nun diese Moralsysteme, von denen auch erzieherisches Handeln seine Richtziele erhalten kann? Eine rasch und häufig gegebene Antwort lautet: in der Gesellschaft. Moralische Werte sind dann jene „Bewertungen von Handlungen, die von den Mitgliedern einer gegebenen Gesellschaft allgemein für entweder ‚richtig' oder ‚falsch' gehalten werden"[103]. Aber was sind denn konkret diese Bewertungen? Sind es „die relativ flüchtigen Signale, die von Meinungen, Moden, Strömungen in der Gesellschaft ausgehen"[104]? Oder sind es empirisch ermittelte Haufigkeitsverteilungen über verschiedene Verhaltensweisen? Was immer es sei, wir müssen mit J. Smart diesen Ansatz in Frage stellen:[105]

„Ich möchte von vornherein jenen seichten Versuch ablehnen, der sich bisweilen als ‚Untersuchung dessen, was im gewöhnlichen Moralbewußtsein impliziert ist', und bisweilen als ‚Untersuchung, wie man gewöhnlich über Moralität spricht', beschreibt. Es genügt, die Zeitungen ... zu lesen, um zu erkennen, daß das gewöhnliche Moralbewußtsein zum Teil aus Elementen von Aberglauben, aus moralisch schlechten und aus logisch verworrenen Elementen gebildet ist."

Da der Ansatz bei „der Gesellschaft" sich als unbrauchbar erweist, sucht man konkreter nach bestimmten Gemeinschaften, Institutionen, Gruppen, die miteinander Gesellschaft bilden und die sich innerhalb dieser Gesellschaft um Einfluß bemühen. Unter ihnen kommt – wie Vertreter der großen politischen Parteien in der BRD zugeben – den *Kirchen* in bezug auf letzte Grundwerte eine besondere Bedeutung zu: „Die Kirchen, die Religions- und Weltanschauungsgemeinschaften, haben für die Vermittlung und das Lebendighalten der Grundwerte und sittlichen Grundhaltungen – keine ausschließliche, wohl aber eine tragende Funktion."[106] Sie gelten bei vielen als Garanten der Moralität und Solidarität einer Gesellschaft.[107] A. H. Maslow sieht in den Idealen, „die die Religionen in den Vordergrund stellen, z. B. die Transzendenz des Selbst, die Verschmelzung des Wahren, Guten und Schönen, der Beitrag für andere, Weisheit, Ehrlichkeit ...", den Ausdruck dessen, was die Menschen werden möchten, wenn sie nur könnten[108]: Das Ethos der Religionen wird als Darstellung anthropologischer Grundwerte betrachtet und könnte dementsprechend Richtschnur erzieherischen Handelns sein. – Allerdings sollte man die Möglichkeiten der Kirchen, ihr Ethos in der Gesamtgesellschaft durchzusetzen, nicht überschätzen.[109]

Bestimmte Strategien der Lernzielgewinnung gehen von dem im Staat vorherrschenden Weltbild aus, das aus den Programmen der größten politischen *Parteien* abgeleitet wird.[110] Ohne Zweifel sind sie sehr mächtige Gruppen, die unsere Gesellschaft prägen und imstande sind, ihre sinnanthropologischen Vorstellungen in die bildungspolitische Praxis umzusetzen.

Um über die Parteien hinweg das Gemeinsame zu bewahren, verweisen Männer und Frauen des öffentlichen Lebens selbst wiederum auf die *Verfassung.* Um ein Beispiel für viele sprechen zu lassen, seien die Zielvorstellungen der Landtagsfraktion einer der großen Parteien der BRD wiedergegeben: Richtschnur der Bildungsziele und -inhalte sind die im Grundgesetz, in der Landesverfassung und im Schulgesetz enthaltenen Aussagen über den Menschen – Erziehung zur Selbständigkeit, mitmenschliches Verhalten, verantwortlicher Gebrauch der Freiheit, Bereitschaft zur Mitarbeit und zur Übernahme von Verantwortung für die Gemeinschaft sowie Vorbereitung auf „das Leben", insbesondere das berufliche.[111] Die besondere Bedeutung der Verfassung betont auch der Zweite Familienbericht, wenn die Kommissionsmitglieder als erstes Legitimationskriterium für die Bestimmung von Erziehungszielen formulieren: „Die in Sozialisationszielsetzungen eingebrachten Wertentscheidungen sollen sich, wo immer das möglich ist, . . . vornehmlich aus den im Grundgesetz bezeichneten Qualitäten von Grundrechten ableiten lassen."[112]

Ein für pädagogisches Handeln wichtiges geltendes Moralsystem ist schließlich das *Berufsethos* der im Erziehungsbereich Tätigen. Es ist in der Regel in Codices der verschiedenen Berufsverbände ausformuliert, um in Konfliktfällen Entscheidungshilfen zu bieten.

Das Verfahren, mit dessen Hilfe die ethische Substanz der geltenden Moralsysteme gehoben wird, ist das *hermeneutische:* Von einem Vorverständnis ausgehend, sucht man herauszufinden, was der Urheber des Textes als Normgeber wirklich gemeint haben könnte. Die Auslegung bleibt freilich nicht bei der theoretischen Erklärung (explicatio) stehen, sondern geht im Bereich der Erziehung (ähnlich wie im Recht) in die Anwendung (applicatio) über, wenn aus dem geltenden Codex Richtziele für erzieherisches Handeln gewonnen werden.

Die *Kritik* eines Moralsystems bezieht sich, solange es gilt, eigentlich nur auf zwei Aspekte: Einmal muß das System in sich logisch schlüssig sein; es darf keine gravierenden Widersprüche enthalten. Zum anderen sollte es einigermaßen vollständig sein. Das System hilft in Entscheidungssituationen dann nicht mehr weiter, wenn (a) die Entscheidung unter zwei sich widersprechende Aussagen fällt oder (b) für den gegebenen Fall überhaupt keine maßgebende Regel zu finden ist.

Solange Schlüssigkeit und Vollständigkeit eines Moralsystems gewährleistet sind, behält es seine Vorrangstellung im Konfliktfall; wenn also zwei Menschen darüber streiten, ob eine Handlung richtig oder falsch sei, und der eine nachweisen kann, daß sie gegen den allgemein anerkannten Moralkodex der Gesellschaft verstößt, geht die „Beweislast" auf den anderen über.[113] Bei einer Umwertung der Werte oder Neuakzentuierung liegt es am „Neuerer", die negativen Folgen des alten Systems sowie die positiven des neuen aufzuzeigen. Ihm obliegt es, in einem „historischen Kalkül" das Neue plausibel zu machen.

Die Vorrangstellung des geltenden Moralsystems darf allerdings nicht dazu führen, in Recht und Ordnung den einzig gültigen Orientierungsrahmen unseres Handelns zu sehen. Es wäre ein Rückschritt in der Moralentwicklung (nach Kohlberg: Stufe 4), allein der jeweiligen Autorität zu folgen und die gegebene soziale Ordnung pflichtgemäß um ihrer selbst willen zu verteidigen. Die Geschichte lehrt uns, daß Moralsysteme in dynamischer Bewegung sind; es ist noch kein halbes Jahrhundert vorüber, daß in Deutschland eine heute einhellig als ungerecht verurteilte Ideologie herrschte. Grundsätzlich besteht immer die gefährliche Möglichkeit, daß ein herrschendes Moralsystem als Moralsystem der Herrschenden zu einem Unterdrückungsinstrument der Unterlegenen pervertiert wird; ideologiekritische Analysen müssen es dann entlarven. – Daß das geltende Moralsystem keinen letzten absolut gültigen Haltepunkt abgeben kann, zeigt die abendländische Tradition, die auf die Bedeutung des Gewissens beim sittlichen Urteilen hinweist. – Der Rückgriff auf ein Moralsystem muß schließlich dann versagen, wenn es nicht mehr allgemein akzeptiert ist. Trotz ihrer besonderen Würde können Grundwertkataloge nicht alle unsere sinnanthropologischen Fragen beantworten. Wir bleiben immer auch auf den praktischen Diskurs, vor allem aber auf unsere persönliche sittliche Einsicht angewiesen.

4.8 Vorschlag eines systematischen Begründungsverfahrens

Welcher Weg erscheint nun nach dem im vorliegenden Kapitel Dargelegten sinnvoll, wenn bei pädagogischen Fragen (sei dies vor Ort zwischen Eltern, Lehrern, Erziehern auf der einen und Zu-Erziehenden auf der anderen, sei dies in Mitarbeiterkonferenzen, Expertengruppen oder politischen Gremien) Entscheidungen getroffen werden sollen? Im folgenden wird ein stufenweises Vorgehen zur Entscheidungsfindung vorgeschlagen. Die einzelnen Stufen sind in erster Linie als *logische* Folge, erst in zweiter Linie als *chronologischer* Ablauf zu sehen; d. h., die Stufen können teilweise zeitlich ineinander übergehen, sich überschneiden, müssen aber grundsätzlich logisch voneinander unterschieden werden.

(1) Zunächst sollte eine möglichst präzise Klärung des *Problems,* insbesondere der in der Problemformulierung verwendeten *Begriffe* erfolgen. Dies geschieht mit Hilfe der Sprachanalyse und Logik. Bei unterschiedlichem Sprachgebrauch schlagen wir – soweit möglich – als Entscheidungskriterium die „common language" (Alltagssprache) vor: nicht um konservative Einstellungen zu bewahren, sondern um nicht unnötig die Sprachgemeinschaft (Kommunikationsgemeinschaft) zu gefährden. Die sprachlich-begriffliche Klärung muß zumindest bis zu dem Punkt vorangetrieben werden, von dem ab grobe Mißverständnisse unwahrscheinlich sind. Manchmal wird bereits auf dieser ersten Stufe klar, ob bei aller Problematik bestimmte Grundwerte, letzte Richtziele unbestritten akzeptiert sind oder nicht.

(2) Sofern eine gemeinsame Wertbasis noch vermutet werden kann, ist es ratsam, *teleologische Regelsysteme* zur Lösung des Problems zu befragen (Pläne, Standardwerke, Erfahrungsregeln, bewährte Fachautoritäten . . .).
– Wenn die Regelsysteme keine Antwort geben oder eine ungenügende bzw. ungenaue oder wenn verschiedene Systeme widersprüchliche Antworten anbieten oder wenn jemand gegen die gegebene Antwort gewichtige wissenschaftliche Argumente ins Feld führen kann, ist ein weiterer Schritt notwendig:

(3) Auf der 3. Stufe versuchen Betroffene und Experten, das Problem im *rationalen Diskurs* zu lösen. In diesem Diskurs geht es um zweckrationale Mittel zu einem von allen (explizit oder implizit) angenommenen Ziel bzw. dessen Realisierbarkeit (als negatives, ausschließendes Kriterium). Die Klärung des Problems erfolgt mit Hilfe der anerkannten human- und sozialwissenschaftlichen (empirischen) Methoden.

(4) Gelingt im rationalen Diskurs keine Einigung, ist zu vermuten, daß ein Konflikt auf der Wertbasis vorliegt. In dieser Phase der Konfliktbewältigung ist es ratsam, zunächst Auskunft beim geltenden Moralsystem (Verfassungen, Gesetze bzw. deren ethische Substanz, Moralkodices . . .) zu holen. Mit Hilfe hermeneutischer Verfahren wird zu klären versucht, was der (oder die) Normgeber gemeint haben könnten, und dies auf den Konfliktfall angewandt.

(5) Wenn das geltende Moralsystem keine oder eine ungenügende bzw. ungenaue oder eine widersprüchliche Antwort auf die Frage gibt oder wenn einer der Betroffenen die dort gegebene Antwort mit seinem Gewissen (seiner ethischen Einsicht) nicht vereinbaren kann und gewichtige Gründe für seine Ansicht gegen die geltende vortragen kann, wird der *praktische Diskurs* aller Betroffenen notwendig. In ihm wird versucht (meist über den Weg des „compromising"), zu einem gemeinsamen Ziel als

Wert zu kommen, das die Zustimmung *aller* am Diskurs Beteiligten findet. Wenn dies nicht gelingt, bleibt als „zweitbeste Lösung" schließlich die formaldemokratische Abstimmung mit Mehrheitsbeschluß; sie ist keine ideale Lösung, da die Gefahr der Majorisierung droht, aber sie verhindert Schlimmeres.

(6) Letztlich fordert jede Grundwertproblematik die eigene *ethische Einsicht* heraus. Sie kann weder vom geltenden Moralsystem noch vom praktischen Diskurs ersetzt werden, ist im Diskurs als persönlich eingebrachte ethische Substanz sogar Ausgangspunkt des Gesprächs.

Das folgende Diagramm gibt schematisch den Verlauf eines Entscheidungsprozesses wieder:

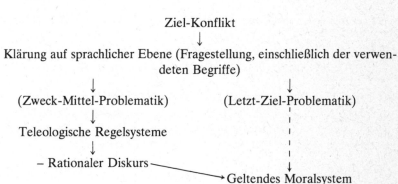

91

5 Prosoziales Verhalten als Erziehungsziel

Die bisherigen Überlegungen sollen an einem Beispiel konkretisiert werden. Wir wählen dazu ein Erziehungsziel, das über Jahrtausende hinweg als grundlegende zentrale Werthaltung anerkannt worden ist.

5.1 Klärung der Fragestellung

Alle sittlichen Forderungen seiner Zeit, das „ganze Gesetz" führt Paulus auf die Nächstenliebe zurück: „Wer den andern liebt, hat das Gesetz erfüllt. Denn die Gebote: Du sollst nicht ehebrechen, nicht töten, nicht stehlen, nicht begehren, und alle andern Gebote sind in dem einen Satz zusammengefaßt: Du sollst deinen Nächsten lieben wie Dich selbst." (Röm. 13, 8 f.) Ähnlich heißt es im Matthäus-Evangelium: „Alles nun, was ihr wollt, das euch die Menschen tun, das sollt auch ihr ihnen tun. Darin besteht das Gesetz und die Propheten." (Mt. 7, 12) – Kants Maxime, Menschen als Ziel und niemals als Mittel zu behandeln, entspricht in etwa dem neutestamentlichen Gesetz der Liebe: „Handle so, daß du die Menschheit, sowohl in deiner Person, als in der Person eines jeden andern, jederzeit zugleich als Zweck, niemals bloß als Mittel brauchest."[1]
Trotz weltweiter Anerkennung[2], trotz Verankerung in geltenden Moralsystemen, gerät im konkreten pädagogischen Fall auch diese Werthaltung in Diskussion. Sooft egoistisches Verhalten bei einem Zu-Erziehenden beobachtet wird, kann es nicht nur weithin (entschuldigend) erklärt werden; es lassen sich sogar rechtfertigende Vernunftgründe für egoistisches Verhalten nennen.
Viele sind der Meinung, daß eine Gruppe erst dann wirklich erfolgreich ist, wenn unter den Gruppenmitgliedern Distanz, Aggressivität und deutlicher Wettbewerb vorherrschen. Zu einer sozialphilosophischen Konzeption gerät diese Tendenz im Sozialdarwinismus: Statt einer weltverbessernden Utopie zu folgen, sollte man sich damit abfinden, daß der Stärkere sich durchsetzen wird. Mitleid und Nächstenliebe sind bei näherem Hinsehen doch nur Rationalisierungen schwächlicher eigennütziger Ängste. Man sollte sich ehrlich zur Lebensmaxime bekennen: Jeder ist sich selbst der Nächste! – Wie kann in solchen und ähnlichen Auseinandersetzungen prosoziales Verhalten als Erziehungsideal ethisch begründet werden?

Es trägt zur begrifflichen Klärung bei, wenn gesehen wird, daß prosoziales Verhalten aus verschiedenen Einstellungen und Verhaltensweisen sich aufbaut: Empathie[3], Solidarität[4], Vertrauen[5], Wohlwollen[6], Toleranz[7] . . . Vor allem aber ist zu nennen die Hilfsbereitschaft im eigentlichen Sinn als jene Fähigkeit und Bereitschaft, anderen, die in Not geraten sind, zu helfen; was dieser Begriff aussagen will, wird unmittelbar verständlich, wenn man sich an die Erzählung vom Samariter erinnert (Lk. 10, 28–37). – Alle Faktoren prosozialen Verhaltens hängen innerlich eng miteinander zusammen; wenn ein Element unbestritten akzeptiert ist, könnten die anderen (teleologisch von ihm her argumentierend) begründet werden. Die folgenden Überlegungen gehen von der Hilfsbereitschaft (i. e. S.) aus. Dabei muß als erstes abgeklärt werden, in welchem Umfang diese „Tugend" überhaupt verwirklicht werden kann. Um pädagogische Überforderungen zu vermeiden, müssen die anthropogenen und soziokulturellen Bedingungen genannt werden, von denen Hilfsbereitschaft (als abhängige Variable) nach bisher vorliegenden Forschungsergebnissen bestimmt wird (5.2). Mit der Berücksichtigung der Realisierbarkeit eines Erziehungsziels (vgl. 4.2) ist ein erster Schritt zu einer weiterführenden ethischen Argumentation getan (5.3).

5.2 Realisierbarkeit im Bedingungszusammenhang

Eine erste entscheidende Bedingung für das größere oder geringere Ausmaß an Hilfsbereitschaft liegt in der Anwesenheit von anderen: Je mehr Leute beispielsweise Zeuge eines Notfalls sind, „desto weniger wahrscheinlich ist, daß das Opfer eines Notfalls Hilfe erhält"[8]. Dieser Befund – je größer die Zahl der Helfer, desto geringer deren Hilfsbereitschaft – wird Effekt der Verantwortungsabschiebung auf andere genannt (diffusion of responsibility).[9] Um dieses eigenartige Verhalten zu erklären, läßt sich vermuten, daß eine Person, die zu entscheiden versucht, ob eine gegebene Situation ein Notfall ist oder nicht, sich nach den Reaktionen der Umstehenden richtet. „Eine Masse kann auf diese Weise ihren Mitgliedern Untätigkeit aufzwingen, indem sie durch ihre Teilnahmslosigkeit und offensichtliche Gleichgültigkeit andeutet, ein Ereignis sei kein Notfall."[10] – Auf das geringe Maß an Hilfsbereitschaft bei Großstadtbewohnern hat St. Milgram hingewiesen. Er versucht, es auf das Bewußtsein der Gefahren des Lebens in einer Großstadt zurückzuführen, weniger auf allgemeine Gleichgültigkeit und Distanziertheit; er sieht es als Reaktion auf die Überlastungs-Situation der Großstadt.[11]
Untersuchungen des Spendeverhaltens zeigten, daß unter hohem sozialem

Druck mehr für einen wohltätigen Zweck gespendet wird.[12] Die Spende-
freudigkeit steigt auch, je „festlicher" die Situation, je „gehobener" die
Stimmung und Ergriffenheit der Angesprochenen.[13] – Hilfsbereitschaft
hängt außerdem ab von der Ähnlichkeit des Hilfesuchenden mit dem
Helfer: Man hilft eher, wenn man den Hilfesuchenden als zu seiner
Bezugsgruppe gehörend erlebt.[14]

Die vorgetragenen Forschungsergebnisse beziehen sich primär auf die
unmittelbare *Situation* (als unabhängige Variable), in der Hilfsbereitschaft
(als von dieser Situation abhängige Variable) erwartet wird. Sehr großen
Einfluß dürften daneben die *persönliche Geschichte* und Lernerfahrungen
haben: Die Bereitschaft und Fähigkeit zu helfendem Verhalten werden
vermutlich gering ausgeprägt sein, wenn der Mensch selbst nicht genügend
Zuwendung, Liebe, Hilfsbereitschaft – kurz: prosoziales Verhalten
erfahren hat. Nicht nur die unmittelbare soziale Situation, auch die
bisherige Lebenserfahrung steckt einen oft recht engen Rahmen ab, in dem
sich Hilfsbereitschaft verwirklichen kann (und entsprechend von der
Umwelt erwartet werden kann). Dies muß im pädagogischen Handeln
berücksichtigt werden.

Wenn man innerhalb des gegebenen Rahmens zu hilfsbereitem Verhalten
bewegen will, bedarf es besonderer ethischer Argumentation. Zunächst ist
es ratsam, teleologisch zu begründen (was letztlich unbestrittene gemeinsame Grundnormen voraussetzt, von denen her argumentiert werden
kann). Man braucht dabei auch nicht vor recht „hausbackenen" Argumenten zurückzuschrecken. Meist allerdings führt das Begründungsverfahren
konsequent zum Versuch, den Angesprochenen zur genuinen ethischen
Einsicht in den Wert an sich zu führen.

5.3 Ethische Begründung

Bereits Ch. Darwin versuchte, Hilfsbereitschaft evolutionstheoretisch zu
erklären: Auch wenn Mitleid und Schutzverhalten dem einzelnen keinen
unmittelbaren Vorteil bringen mögen, erhöhen sie doch die Überlebens-
chancen einer Sippe oder Familie. In ähnliche Richtung weisen Ergebnisse
der Verhaltensforschung zum „Kindchen-Schema" (und dem daraus
resultierenden Schutz- und Pflegeverhalten) oder zur Tötungs-Hemmung.
Der im biologischen Grundbedürfnis nach Gesundheit liegende Imperativ
kann ebenfalls (in einem vielleicht banalen Argument) verwendet werden,
die rationale Zweckmäßigkeit der Hilfsbereitschaft zu begründen. D. Bakan hat darauf hingewiesen, daß Menschen, die auf ein Leben in Liebe
eingestellt sind, jede Gefahr psychosozialer Isolierung dadurch bannen und

eine überdurchschnittliche Lebensdauer erreichen.[15] Genauere Untersuchungen darüber liegen bis jetzt allerdings noch nicht vor. Dennoch dürfte dieses plausible Argument in einer gesundheitsbewußten Mitwelt seine Wirkung vermutlich nicht verfehlen.

Sofern das Bedürfnis nach Schutz und Sicherheit unbestrittenes Ziel (telos) ist, kann mit Th. Hobbes argumentiert werden, daß etwa Freundschaften wie kaum ein anderes Mittel zur Sicherheit beitragen.[16] Wenn man das eigene Leben nicht unnötig gefährden und erschweren, sondern vielmehr sichern und erleichtern will, scheint sich prosoziales Verhalten als einzig vernünftiges Mittel (zumindest auf lange Sicht) anzubieten.

Es gibt sogar Erfahrungen, die auf eine Abhängigkeit der Genußfähigkeit von prosozialem Verhalten hindeuten. In seiner scharfsichtigen Studie zur Widerlegung des Egoismus schriebt J. Butler: „Das Absehen von der eigenen Person ist jedem Genuß absolut wesentlich, und es mag durchaus geschehen, daß jemand so starr und unverwandt auf seinen eigenen Nutzen sieht (worin er diesen auch immer erblicken mag), daß eben dieses ihn daran hindert, sich vielerlei Freuden, die in seinem Umkreis liegen, zu überlassen."[17] Selbstsucht macht den Menschen in vielen Fällen unglücklich; darum „kann sie nicht in seinem wohlverstandenen Interesse liegen"[18].

Hilfsbereitschaft erweist sich schließlich als Weg zur Selbstverwirklichung. Eine Untersuchung bei Organspendern zeigte einen „eindrucksvollen Anstieg an Selbstachtung"[19]. Die Untersuchten hatten durch ihr Verhalten ein „Höhepunkt-Erlebnis mit beträchtlichen positiven Auswirkungen auf die gesamte Lebensentwicklung des Spenders"[20] erreicht.

Die vorgetragenen Argumente ordnen Hilfsbereitschaft als Mittel und Weg einem Letztziel unter (Erhaltung der Sippe bzw. Familie, Gesundheit, Sicherheit und Schutz, Genußfähigkeit, Selbstverwirklichung). Allerdings weist gerade das letzte Argument zur Selbstverwirklichung auf eine Grenze teleologischer Unterordnung der Hilfsbereitschaft hin. Man verfehlt die Selbstverwirklichung, wenn man sich anderen (oder einer Aufgabe) zuwendet, um sich – in unmittelbarer Absicht – „selbst" zu verwirklichen. Das im eigenen Interesse notwendige Absehen von der eigenen Person muß so weit gehen, daß wir nicht nur hilfsbereit sind, um persönlich daraus Befriedigung zu ziehen, sondern um des anderen willen. Wirklich im eigenen Interesse handeln wir erst dann, wenn wir nicht mehr im eigenen Interesse handeln, wenn wir die hilfsbereite Handlung nicht mehr als Mittel persönlicher innerer Befriedigung betrachten.

Nach den Aufzeichnungen über die logotherapeutische Behandlung eines psychoanalytischen Kollegen erklärt V. E. Frankl seinem über Angst und Sinnlosigkeitsgefühl klagenden Patienten: „Stellen Sie sich doch einfach vor, ein Kranker erbarmt Sie, Sie haben Mitleid mit ihm, Sie fühlen mit ihm und möchten ihm helfen: Tun Sie es dann, um ein Sinnlosigkeitsgefühl loszuwerden, oder einfach, weil sie es *müssen,* das heißt, weil Sie das Mitleid mit dem Kranken eben ‚sind' – Sie ‚sind' dann der Wert, genannt ‚anderen Menschen helfen'. *Das* heißt existenzielle Verankerung von Werten!"[21] In einer weiteren Besprechung legt der Patient seine Handlungsmotive dar: „It gives me a great deal of narcissistic pleasure."[22] Gerade aber im Festklammern an dem eigenen (narzißtischen) Nutzen liegen das Hindernis für echte Selbstverwirklichung und der Grund der Krankheit. – Aus seiner logotherapeutischen Erfahrung schließt V. E. Frankl, „daß der Mensch letzten Endes nur in dem Maße sich verwirklichen kann, in dem er einen Sinn erfüllt – draußen in der Welt, aber nicht in sich selbst"[23]. Selbstverwirklichung, persönliche Entfaltung entzieht sich der direkten Zielsetzung; sie ist „Nebenwirkung" der Selbsttranszendenz, der Hinwendung auf einen Sinn in einer Aufgabe oder in der Hinwendung auf mitmenschliches Sein. Das Glück in der Selbstverwirklichung wird nicht „per intentionem", sondern nur „per effectum" erreicht. Glücklicherweise sind wir so geschaffen, daß wir aus einer altruistischen Handlung durchaus Befriedigung (als Folge) gewinnen.[24] Hilfsbereitschaft aber bleibt Wert in sich, der seine volle Wirkung erst entfaltet, wenn er nicht mehr rational zweckhaft einem anderen Ziel untergeordnet bleibt, sondern als Wert in sich gelebt wird.

Anmerkungen

1 Die Begründungsproblematik als Thema Philosophischer und Pädagogischer Anthropologie

1 C. Kluckhohn: Value and value-orientations in the theory of action; in: Parsons, T.; Shils, E. A. (Hg), Towards a general theory of action, Cambridge (Mass.) 5/1962, 388–433, S. 411; zit. nach Graumann, Die Dynamik von Interessen, Wertungen und Einstellungen, 281.

2 Die Konferenz von Rotterdam 1970 (Facilities for Cultural Democracy, Rotterdam Symposium 1970, Council for Cultural Co-Operation of the Council of Europe, Strasbourg 1971, S. 24) stellte fest:
„Yet all kinds of education and training must have an ideology and philosophy, if it has a function in the society in a meaningful way."
Entsprechend fordert z. B. das Niederländische Gutachten zur EB neben (a) agogischer Sachkunde (= Erwachsenenpädagogik) und (b) gründlicher Ausbildung in einem Fach (c) eine philosophisch-kritische Sachkunde: Sie ist nötig, „weil es in dieser Arbeit stets um den ganzen Menschen im Ganzen der Gesellschaft geht, wodurch die Frage nach den letzten Zielen und nach dem letzten Sinn immer in der einen oder andern Weise mitspielt" (Gesellschaftskritik durch Weiterbildung. Die Niederländische Denkschrift zur Funktion und Zukunft der Erwachsenenbildung, Osnabrück 1970, S. 140 und 142).

3 Vgl. Heimann/Schulz, 36/37.

4 Gulian, Versuch einer marxistischen Philosophischen Anthropologie, 45/46.

5 Brezinka, Grundbegriffe, 95.

6 Ebd., 138–142.

7 Ebd. 145–149.

8 Vgl. Scarbath, Art. „Anthropologie, Pädagogische", 4., S. 126.

9 Allerdings werden heute mit „Ideal-Vorstellungen" allzu schnell Unrealisierbarkeit und Illusion assoziiert.

10 Thomae, H.: Psychologie, in: Flitner, Wege zur pädagogischen Anthropologie, 95 f.

11 Roth I, 355.

12 Es ist festzustellen, daß die griechische Philosophie den Begriff der Anthropologie nicht kennt. Bei Aristoteles wird in der Nikomachischen Ethik ein einziges Mal das Wort „anthropológos" verwendet – und zwar in der Bedeutung von „Klatschbase" (vgl. Höffe, O.: Grundaussagen über den Menschen bei Aristoteles, in: Zphil Forschung 30 (1976) 2, 227–245).

13 Reble, Menschenbild und Pädagogik, 22.

14 Vgl. Allport, Persönlichkeit, 552 ff. (Das philosophische Thema der „Freiheit" wird unter Einbezug empirischer Ergebnisse behandelt.)

15 Keller, Philosophische Anthropologie – Psychologie – Transzendenz, 12 f.

16 Habermas, Art. „Anthropologie", 20.

17 Piaget, Erkenntnistheorie der Wissenschaften vom Menschen, 112.

18 Stark, Revolution oder Reform, 36/37.

19 Reble, Menschenbild und Pädagogik, 24.

[20] Vgl. Der Spiegel, Nr. 23, 30. Jg., vom 31. 5. 1976, S. 212 („Spiegel-Gespräch mit M. Heidegger am 23. Sept. 1966").

[21] Thomae, Persönlichkeit, 8.

[22] Trillhaas, Ethik, S. VII.

[23] Kant, Werke (Königl. Preuß. Akad. d. Wissenschaften, 1902 ff.), Bd. VII, S. 119 und 324. Die moralische Anthropologie, die sich der Weisheit der Lebensführung zuwendet, können wir hier außer acht lassen.

[24] Gulian, Versuch einer marxistischen Philosophischen Anthropologie, bes. S. 11–55.

[25] Bollnow, Pädagogische Anthropologie als Integrationskern der Allgemeinen Pädagogik, 68.

[26] Schmitt, Die pädagogische Relevanz einer anthropologischen Ethik, 17.

[27] Stieglitz, H.: Soziologie und Erziehungswissenschaft, Stuttgart 1970.

[28] Lochner, R.: Deskriptive Pädagogik, Reichenberg 1927.

[29] Nohl, H.: Charakter und Schicksal, Frankfurt 1938.

[30] Bleidick, Pädagogik der Behinderten, bes. S. 317–379.

[31] Brezinka, Von der Pädagogik zur Erziehungswissenschaft, bes. S. 117 f.

[32] Langeveld, Einführung in die theoretische Pädagogik, bes. S. 108 und 163.

[33] Schilling, H.: Grundlagen der Religionspädagogik, Düsseldorf 1970.

[34] Roth, H.: Pädagogische Anthropologie, I und II, Hannover 3/1971 und 1971.

[35] Brezinka, Von der Pädagogik zur Erziehungswissenschaft, 112–141.

[36] Löwisch, Normenproblem, 171.

[37] Eine Ersetzung der Begriffe „Philosophische und Pädagogische Anthropologie" durch „Sinn- und Realanthropologie" nehmen wir nicht vor, weil die Erstgenannten bereits einigermaßen etablierte und bekannte Disziplinen darstellen und weil außerdem nicht unnötig die Gefahr einer weiteren Begriffsverwirrung geschaffen werden darf.

2 Grundzüge einer Pädagogischen Real-Anthropologie

[1] Roth I, 263; vgl. auch Thomae, Das Problem der Konstanz, 344–347.

[2] Pestalozzi, Nachforschungen, 219 sowie 193 ff.

[3] Flitner, Pädagogische Anthropologie, 219.

[4] Roth I, 155.

[5] Einen umfassenden Überblick bietet Roth I, 168–267.

[6] Sheldon, W. H.; Stevens, S.; Tucker, W. B.: The Varieties of Human Physique, New York/London 1940.

[7] Eysenck, Intelligenztest, 30/31.

[8] Ebd., 32.

[9] Vgl. neuerdings die Kontroverse um A. Jensen.

[10] Eysenck, Intelligenztest, 32.

[11] Roth I, 236.

[12] Gottschaldt, Das Problem der Phänogenetik, bes. 236–263.

[13] Thomae, Das Problem der Konstanz, bes. 286–347.

[14] Vgl. auch den Vorschlag von Roth I, 265/266.

[15] Milgram, Autoritätsgehorsam, 433–463.

[16] Marx, Ad Feuerbach, in: Fetscher (Hg.), Marx-Engels-Studienausgabe I, 140.

[17] Ebd., 139.

[18] Vgl. den zusammenfassenden Überblick bei R. Baumeister, Der „neue" Mensch, 90–101.

19 Hofstätter, Einführung in die Sozialpsychologie, 100.
20 Hammer, G.: Zur Freiheit fähig?, Freiburg 1978.
21 Schlick, Fragen der Ethik, 114.
22 Stagner, Psychology of Personality, 397.
23 Hospers, What means this Freedom?, 133.
24 Ebd.
25 Zit. nach Frankl, Der Wille zum Sinn, 162.
26 Frankl, Der Wille zum Sinn, 161/162.
27 Schlick, Fragen der Ethik, 105.
28 Thomae, Das Problem der Konstanz, 347.
29 Maslow, A. H.: Motivation and Personality, New York 1954.
30 Frankl, Theorie und Therapie der Neurose, 10–14.
31 Ebd., 14.
32 Maslow, Psychologie des Seins, 14.
33 Ebd., 154.
34 Roth I, 157.
35 Allport, Gestalt und Wachstum in der Persönlichkeit, 4/5.
36 Bühler, Lebenslauf, 48.
37 Guilford, Persönlichkeit, 21/22.
38 Allport, G. W., und Odbert, H. S. stellten ca. 18 000 Begriffe zur idiographischen Beschreibung einer Persönlichkeit zusammen (Train-names, 1936).
39 Lochner, Über das Grundverhältnis zwischen Anthropologie und Erziehungswissenschaft, 54/55.

3 Grundzüge einer Theorie sinnanthropologischer Aussagen

1 Lukas, Zur Validierung der Logotherapie, bes. 244 u. 248. Die Umfrage fand im Sommer 1969 in Wien und Umgebung statt; erfaßt wurde eine repräsentative Normalstichprobe von insgesamt 1000 Personen; der theoretische Hintergrund für die entsprechende Hypothesenbildung war die Logotherapie von V. E. Frankl.
2 Birnbacher/Hoerster, Texte zur Ethik, 271.
3 Moore, Principia Ethica, 260.
4 Brandt, Pädagogik und soziale Arbeit, 202.
5 Schmidtchen, Zwischen Kirche und Gesellschaft, 42/43.
6 Mayntz, Methoden, 158.
7 Ausubel, Jugendalter, 349.
8 Seeber, Was sind Grundwerte?, S. 383.
9 Vgl. Maslow, A. H.: Motivation and Personality, New York 1954.
10 Seeber, Was sind Grundwerte?, 383.
11 Brezinka, Grundbegriffe, 138.
12 Roth I, 353.
13 Roth I, 352.
14 Brezinka, Grundbegriffe, 114.
15 Schmidtchen, Zwischen Kirche und Gesellschaft, 42.
16 Frese, Erwachsenenbildung, 88.
17 Oerter, Entwicklungspsychologie, 161–163.
18 Roth I, 339/340.
19 Gegensätze berühren sich; das eine kann in der Wirklichkeit leicht in das andere umschlagen.

[20] Cattell, Die empirische Erforschung der Persönlichkeit, 311.

[21] Guilford, Persönlichkeit, 318.

[22] Correll, Persönlichkeitspsychologie, 124.

[23] Fahrenberg u. a., FPI, 46–50 u. 57.

[24] Cattell, Die empirische Erforschung der Persönlichkeit, 319.

[25] Guilford, Persönlichkeit, bes. 400–412.

[26] Brandstätter, Psychologie der Person, 177.

[27] Ebd., 179.

[28] Zetterberg, H. L.: Social Theory and Social Practice, New York 1962, S. 66 ff.; zit. nach: Matthes II, 144.

[29] Campenhausen, Grundwerte in Staat und Gesellschaft, 208.

[30] Bericht über die Lage der Familie in der BRD, 2. Familienbericht, bes. S. 14.

[31] Smirnow, Die Herausbildung der sozialistischen Persönlichkeit, 255.

[32] Patzig, Ethik ohne Metaphysik, 12.

[33] Smirnow, Die Herausbildung der sozialistischen Persönlichkeit, 440.

[34] Eltern, Heft 5 (Mai) 1978, S. 16.

[35] Freud, S.: Ges. Werke V, 8.

[36] Frankl, Theorie und Therapie der Neurose, 16.

[37] Fromm, E.: Psychoanalyse und Ethik, Stuttgart 1954.

[38] Laudis, C., Bolles, M.: Textbook of Abnormal Psychology, 43.

[39] Zur Wertstruktur und zum beruflichen Selbstverständnis von Sozialpädagogen vgl. die empirischen Untersuchungen des Verfassers: „Untersuchungen zur Werteinstellungsstruktur von Sozialpädagogen" sowie „Zum beruflichen Selbstbild von Sozialpädagogen".

[40] Vgl. Graumann, Struktur und Dynamik der Interessen und Werteinstellungen, bes. 288–291, sowie Grant, Der verunsicherte Mensch, 201/202.

[41] Noelle-Neumann, E.: Die Lust an der Revolution erlosch. Es bleibt die Umwertung der Werte, in: Die Zeit, Nr. 18, vom 23. 4. 1976.

[42] Schmidtchen, Zwischen Kirche und Gesellschaft, 48/49.

[43] Ebd., 44/45.

[44] Vgl. Hammer, Der Gebildete zwischen Kirche und Gesellschaft, bes. S. 183–191.

[45] Fend, Sozialisierung und Erziehung, 102.

[46] Mayntz, Methoden, 214.

[47] Engels, Fr.: Anti-Dühring, Engels-Studienausgabe I, Hamburg 1973, 88/89.

[48] Herskovits, Statement on Human Rights, 542.

[49] Brandt, Value and Obligation, 435/436.

[50] Ebd., 437.

[51] Herskovits, 540 und 543.

[52] Engels, 89.

[53] Roth I, 356.

[54] Ebd., 274.

[55] Lukas, Zur Validierung der Logotherapie, 256/257.

[56] Brezinka, Grundbegriffe, 150/151.

[57] Ebd., 152/153.

[58] Frankl, Theorie und Therapie der Neurose, 15.

[59] Roth I, 314.

4 Die sinnanthropologische Rechtfertigung von Erziehungsidealen

1 Hammer, Profanisierung, 89–91, sowie ders., Profanisierung, in: ZkTh 96 (1974) 3, 234 und 239/240.
2 Fend, Sozialisierung, 151/152.
3 Vgl. die Polarität dieser Werte in der Faktorenanalyse des FPI: Fahrenberg u. a., FPI, 48.
4 Birnbacher/Hoerster, Texte zur Ethik, 66.
5 Kehrer, Ethik als Grenzdisziplin, 18/19.
6 Ebd., 24.
7 Man vergleiche etwa Schopenhauers Motto seiner Preisschrift über die Grundlagen der Moral (1840): „Moral predigen ist leicht, Moral begründen schwer."
8 Löwisch, Das Normenproblem in der Pädagogik, 160.
9 Zweiter Familienbericht, 13.
10 Brezinka, Grundbegriffe, 145 (im Anschluß an E. Spranger).
11 Ebd., 145–147.
12 Zweiter Familienbericht, 13.
13 Ebd.
14 Moore, Principia Ethica, 209.
15 Zand, Vertrauen, 66.
16 Hammer, Zur Freiheit fähig, bes. 47/48.
17 Fahrenberg u. a., FPI, 46–50.
18 Schüller, Neuere Beiträge, 153.
19 Vgl. Birnbacher/Hoerster, Texte zur Ethik, 200.
20 Siebert, Curricula, 75.
21 Rawls, Decision Procedure, bes. 78–83.
22 Vgl. Siebert, Curricula, 44 (im Anschluß an die induktive Strategie von S. Robinsohn).
23 Smart, Extremer und eingeschränkter Utilitarismus, 125.
24 Hume, Eine Untersuchung über die Prinzipien der Moral, 131/132 (nach der überarbeiteten Übersetzung von Birnbacher/Hoerster, Texte zur Ethik, 71).
25 Bokelmann, Maßstäbe pädagogischen Handelns, 37/38.
26 Perry, General Theory of Values, 115; vgl. dazu die Darstellung bei Pieper, Analytische Ethik, 144–176.
27 Hume, Traktat über die menschliche Natur, 212.
28 Zit. nach Ginters, Typen ethischer Argumentation, 30.
29 Ebd.
30 Ebd.
31 Allport, Gestalt und Wachstum in der Persönlichkeit, 272.
32 Vgl. Brezinka, Von der Pädagogik zur Erziehungswissenschaft, 20.
33 Popper, Logik der Forschung, 75.
34 Ayer, Philosophical Essays, 231.
35 Hume, Traktat, 197.
36 Ewing, Intuition, 82.
37 Hume, Untersuchungen über die Prinzipien der Moral, 131/132.
38 Ewert, Gefühle, 229.
39 Ebd., 240–242 und 245.
40 Ayer, Language, Truth and Logic, 107–114. Diese zu einfache Position hat Ayer später modifiziert.
41 Ewing, Intuition, 82.

[42] Ebd., 85.
[43] Ross, Prima-facie-Richtigkeit, 49.
[44] Reid, Moralische Wahrheit, 75.
[45] Ross, Prima-facie-Richtigkeit, 49.
[46] Ewing, Intuition, 82.
[47] Ewert faßt die Ergebnisse von Untersuchungen über die Differenzierung von Gefühlserlebnissen so zusammen, „daß mit zunehmender Entwicklungshöhe des Organismus immer differenziertere Formen von Gefühlserlebnissen angetroffen werden, denen unspezifische Gefühlserregungen vorausgehen" (Ewert, Gefühle, 261).
[48] Vgl. zum folgenden: Kohlberg, Moralische Entwicklung, 18/19, sowie ders., Gerechtigkeitsstruktur, 202; vgl. auch Kärn, Stufe, 83.
[49] Kohlberg, Moralische Entwicklung, 45/46.
[50] Portele, Paradox, 164.
[51] Kohlberg, Moralische Entwicklung, 20, sowie ders., Gerechtigkeitsstruktur, 202.
[52] Nach R. M. Hare ist die Herkunft von Sollenssätzen nicht Intuition, sondern Umgang und Erziehung (Hare, Morals, 62 f.).
[53] Ross, Prima-facie-Richtigkeit, 49.
[54] Mill, Utilitarismus, 13.
[55] Ebd.
[56] Hobbes, Vom Menschen – vom Bürger, 24.
[57] Maslow, Psychologie des Seins, 45.
[58] Ebd., 199; vgl. auch die Sinn-Antworten der Wiener Untersuchung: Lukas, Validierung der Logotherapie, 244.
[59] Maslow, Psychologie des Seins, 41 und 199.
[60] Bühler, Lebenslauf, 14.
[61] Moore, Principia Ethica, 260.
[62] Maslow, Psychologie des Seins, 158 und 94.
[63] Vgl. Spranger, Lebensformen, 121–276, sowie Roth, Werteinstellungstest, 6–8.
[64] Frankl, Der Wille zum Sinn, 16.
[65] Maslow, Psychologie des Seins, 169.
[66] Ebd., 159.
[67] Ebd., 170.
[68] Ebd., 178.
[69] Spranger, Lebensformen, 279.
[70] Maslow, Psychologie des Seins, 189.
[71] Ebd., 159.
[72] Ebd., 167.
[73] Robinsohn, Bildungsreform, 45.
[74] Denkbar, wenn auch nicht im Sinn der Autoren, wäre die Vorbereitung auf eine kriminelle Karriere durch raffinierte Techniken des Betrügens . . .
[75] Brandt, Value and Obligation, 437.
[76] Frankena, Analytische Ethik, 134.
[77] Cattell, Persönlichkeit, 167, 171 und 323.
[78] Ebd., 168.
[79] Man denke an die unterschiedlich akzentuierte Zuwendung (zu den einzelnen Idealen), wie sie sich durch Werteinstellungstests zeigt: Roth, Werteinstellungstest; vgl. auch Hammer, Werteinstellungsstruktur, 49–53.
[80] Roth I, 325.
[81] Ginters, Typen ethischer Argumentation, 103.
[82] Peters, Ethik und Erziehung, 89.

[83] Ginters, Typen ethischer Argumentation, 45.
[84] Kohlberg, Moralische Entwicklung, 37 und 47.
[85] Maslow, Psychologie des Seins, 173.
[86] Smart, Utilitarismus, 221.
[87] Kambartel, Erkennen und Handeln, 300.
[88] Habermas, Legitimationsprobleme, 147.
[89] Kambartel, Erkennen und Handeln, 299.
[90] Habermas, Rekonstruktion, 84/85.
[91] Rawls, Decision Procedure, 179/180.
[92] Siebert, Curricula, 79.
[93] Vgl. Hammer, Zur Freiheit fähig, bes. 89–94.
[94] Siebert, Curricula, 100.
[95] Ebd., 96.
[96] Kohlberg, Moralische Entwicklung, 20.
[97] Ulich, Wissenschaftsmodell und Gesellschaftsbild, 319.
[98] Wandel, Bemerkungen zum Ethos, 76.
[99] Ewing, Intuition, 93.
[100] Ein Vertreter der Erlanger Schule, welche die Trans-Subjektivität sittlicher Normen verteidigt, gab in einem Gespräch zu, daß im Diskurs aus Argumentation durchaus Agitation werden kann. Das Gespräch kann plötzlich in der Frage gipfeln: „Bin ich nun blöd oder der andere? Hat es überhaupt noch einen Sinn, mit dem anderen zu sprechen?" Die Entscheidung wird zum „Charakterproblem".
[101] Siebert, Curricula, 104.
[102] Birnbacher/Hoerster, Texte zur Ethik, 201.
[103] Berkowitz, Developement of Motives, 44.
[104] Maier, Grundwerte, 178.
[105] Smart, Utilitarismus, 123.
[106] Schmidt, Ethos und Recht, 24.
[107] Maihofer, Grundwerte, 100.
[108] Maslow, Psychologie des Seins, 161.
[109] Maier, Grundwerte, 178.
[110] Möller, Lehrplanung, 72.
[111] Aus einer Pressekonferenz der CDU-Fraktion von Baden-Württemberg vom 9. 8. 1978.
[112] Zweiter Familienbericht, 13.
[113] Brandt, Überlegungen, 114.

5 Prosoziales Verhalten als Erziehungsziel

[1] Kant, Grundlagen der Metaphysik der Sitten, BA 66 f.
[2] Vgl. Roth II, 420/421.
[3] Empathie ist – wie der Zweite Familienbericht umschreibt (S. 14) – die Fähigkeit, „die Bedürfnisse und Interessen anderer wahrzunehmen"; sie ist die Fähigkeit, andere „in ihrer Situation besser zu verstehen, indem wir ihre Gefühle mitfühlen und gleichzeitig versuchen, ihre Situation aus ihrer Sicht zu begreifen und sie in der Ähnlichkeit oder Andersartigkeit ihres Wesens rational zu erkennen" (Teutsch, Empathie, 149). Nächstenliebe ist ohne Empathie nicht denkbar.

[4] Solidarität ist – nach dem Zweiten Familienbericht (S. 14) – die Bereitschaft und Fähigkeit, die Interessen und Bedürfnisse anderer, „je nach ihrem Recht, in der eigenen Handlungsführung um so eher zu berücksichtigen, je schwächer die Fähigkeit des anderen ist, seine Bedürfnisse und Interessen selber zu erkennen und durchzusetzen". – Andere Autoren betonen eher die Ansprechbarkeit für mitmenschliche Gefühle und sehen in der Solidarität die Fähigkeit, sich binden und mit anderen „mitschwingen" zu können, sich anderen zugehörig und innerlich verbunden zu fühlen, die Fähigkeit, die Mitwelt und Umwelt in sich wiederklingen und aufleuchten, sie „unmittelbar" werden zu lassen (vgl. Thomae, Das Problem der Konstanz, 309).

[5] Vertrauensverhalten kann definiert werden „als Verhaltensweisen, die (a) die eigene Verwundbarkeit steigern, (b) gegenüber einer Person erfolgen, die nicht unserer persönlichen Kontrolle unterliegt, (c) in einer Situation bestehen, in der der Schaden, den man erleidet, wenn ein anderer diese Verwundbarkeit ausnützt, größer ist als der Vorteil (Nutzen), den man gewinnt, wenn der andere sie nicht ausnützt." (Zand, Vertrauen, 62).

[6] Wohlwollen kann umschrieben werden als freundliche, großzügige, mitfühlende und empfindsame Einstellung gegenüber anderen Menschen; wohlwollende Menschen vermeiden es, die Gefühle anderer zu verletzen (vgl. Guilford, Persönlichkeit, 437/438).

[7] Toleranz zeigt eine Person A einer Person B gegenüber in folgender Situation: „(a) A verfügt über soziale Macht gegenüber B, die geeignet ist, B's Verhaltensalternativen schädigend einzuschränken, (b) B oder Attribute von B werden von A negativ bewertet, (c) A verzichtet auf die Ausübung seiner Macht, B zu schädigen, soweit dies Kriterien der Vernunft gemäß ist." (Schäfer, Toleranz – Intoleranz, 25).

[8] Darley/Latané, Wann helfen Menschen in einer Krise?, 111.

[9] Ebd., 110.

[10] Ebd. 105.

[11] Milgram, Großstadt, 138/139.

[12] Kromer, Spendeverhalten, 38.

[13] Ebd., 38 und 44.

[14] Wormser, Kleider, 91.

[15] Vgl. Bakan, Mensch, 120–122.

[16] Hobbes, Vom Menschen – vom Bürger, 24.

[17] Butler, Sermons; zit. nach Birnbacher/Hoerster, Texte zur Ethik, 182.

[18] Kalin, In defense of Egoism; zit. nach Ginters, Typen ethischer Argumentation; 80.

[19] Fellner/Marshall, Nierenspender, 59.

[20] Ebd., 60.

[21] Frankl, Der Wille zum Sinn, 209/209.

[22] Ebd., 209.

[23] Ebd., 16.

[24] Frankena, Analytische Ethik, 43.

Literatur

Allport, G. W.: Gestalt und Wachstum in der Persönlichkeit, Meisenheim 1970.
Allport, G. W.: Werden der Persönlichkeit. Gedanken zur Grundlegung einer Psychologie der Persönlichkeit, München 1974.
Ausubel, D. P.: Das Jugendalter. Fakten – Probleme – Theorie, München 4/1974.
Ayer, A. J.: Language, Logic and Truth, London 17/1967.
Ayer, A. J.: Philosophical Essays, London 1954.
Bakan, D.: Mensch im Zwiespalt, München 1976.
Bartley III, W. W.: Wissenschaft und Glaube. Die Notwendigkeit des Engagements, in: Gadamer, H.-G., Vogler, P (Hg.), Philosophische Anthropologie II, Stuttgart 1974, 64–102 (= Neue Anthropologie 7).
Baumeister, R.: Der „neue" Mensch, in: Vjs. f. Wiss. Päd. 54 (1978) 1, 90–101.
Benz, E.: Der Mensch in christlicher Sicht, in: Gadamer, H.-G., Vogler, P. (Hg.), Philosophische Anthropologie I, Stuttgart 1974, 373–429 (= Neue Anthropologie 6).
Bericht über die Lage der Familie in der Bundesrepublik Deutschland – Zweiter Familienbericht, Bundestagsdrucksache 7/3502, Bonn 1975.
Berkowitz, J.: Development of Motives and Values in the Child, New York 1964.
Birnbacher, D., Hoerster, N. (Hg.): Texte zur Ethik, München 1976.
Bleidick, U.: Pädagogik der Behinderten, Berlin 1972.
Bokelmann, H.: Maßstäbe pädagogischen Handelns, Würzburg 1965.
Bollnow, O. Fr.: Empirische Wissenschaft und Hermeneutische Pädagogik. Bemerkungen zu Wolfgang Brezinkas: Von der Pädagogik zur Erziehungswissenschaft, in: ZfPäd. 17 (1971) 5, 683–708.
Bollnow, O. Fr.: Pädagogische Anthropologie als Integrationskern der Allgemeinen Pädagogik, in: Giel, Kl. (Hg.), Allgemeine Pädagogik, Freiburg 1976, 59–70.
Bollnow, O. Fr.: Die Philosophische Anthropologie und ihre methodischen Prinzipien, in: Rocek, R., Schatz, O. (Hg.), Philosophische Anthropologie heute, München 1972, 19–36.
Brandstätter, H., Schuler, H., Stocker-Kreichgauer, G.: Psychologie der Person, Stuttgart 1974.
Brandt, G. A.: Pädagogik und soziale Arbeit, Neuwied 2/1974.
Brandt, R. B.: Überlegungen zu einer akzeptablen regel-utilitaristischen Theorie, in: Ginters, R. (Hg.), Typen ethischer Argumentation, Düsseldorf 1976, 111–127.
Brandt, R. B.: Value and Obligation, New York 1961.
Brezinka, W.: Grundbegriffe der Erziehungswissenschaft. Analyse, Kritik, Vorschläge, München 1974.
Brezinka, W.: Von der Pädagogik zur Erziehungswissenschaft. Eine Einführung in die Metatheorie der Erziehung, Weinheim 1971.
Brezinka, W.: Was sind Erziehungsziele?, in: ZfPäd. 18 (1972) 4, 497–550.
Brüning, W.: Philosophische Anthropologie. Historische Voraussetzungen und gegenwärtiger Stand, Stuttgart 1960.
Bühler, C., Eckstein, R.: Anthropologische Resultate aus biographischer Forschung, in: Gadamer, H. G., Vogler, P. (Hg.), Psychologische Anthropologie, Stuttgart 1973, 349–385 (= Neue Anthropologie 5).

Bühler, Ch., Massarik, Fr. (Hg.): Lebenslauf und Lebensziele. Studien in humanistisch-psychologischer Sicht, Stuttgart 1969.

Butler, J.: Sermons, London 1970 (Übersetzung von D. Birnbacher, in: Birnbacher/Hoerster, Texte zur Ethik, 178–189).

Campenhausen, A. v.: Grundwerte in Staat und Gesellschaft, in: Gorschenek, G. (Hg.), Grundwerte in Staat und Gesellschaft, München 1977, 190–218.

Cattell, R. B.: Die empirische Erforschung der Persönlichkeit, Weinheim 1973.

Coreth, E.: Was ist Philosophische Anthropologie?, in: ZkTh 91 (1969), 252–273.

Correll, W.: Persönlichkeitspsychologie, Donauwörth 1976.

Darley, J. G., Latané, B.: Wann helfen Menschen in einer Krise?, in: Lück, H. (Hg.), Mitleid – Vertrauen – Verantwortung, Stuttgart 1977, 100–111.

Ell, E.: Konditionale Wert-Ethik, in: Blätter der Wohlfahrtspflege 120 (1973) 12, 329–332.

Engfer, H.-J. (Hg.): Philosophische Aspekte schulischer Fächer und pädagogischer Praxis, München 1978.

Eysenck, H. J.: Intelligenz-Test, Hamburg 1972.

Ewert, O.: Gefühle und Stimmungen, in: Thomae, H. (Hg.), Allgemeine Psychologie II, Motivation, Göttingen 2/1965, 229–271 (= Handbuch der Psychologie 2).

Ewing, A. C.: Intuition als Quelle ethischer Erkenntnis, in: Birnbacher, D., Hoerster, H. (Hg.), Texte zur Ethik, München 1976, 79–95.

Fahrenberg, J., Selg, H., Hampel, R.: Freiburger Persönlichkeitsinventar – FPI, Göttingen 2/1973.

Fellner, C. H., Marshall, J. R.: Nierenspender, in: Lück, H. (Hg.), Mitleid – Vertrauen – Verantwortung, Stuttgart 1977, 47–60.

Fend, H.: Sozialisierung und Erziehung, Weinheim 4/1971.

Flitner, A.: Die Pädagogische Anthropologie inmitten der Wissenschaften vom Menschen, in: Ders. (Hg.), Wege zur Pädagogischen Anthropologie, Heidelberg 2/1967.

Flitner, A. (Hg.): Wege zur Pädagogischen Anthropologie, Heidelberg 2/1967.

Frankena, W. K.: Analytische Ethik, München 1972.

Frankl, V. E.: Theorie und Therapie der Neurose, München 4/1975.

Frankl, V. E.: Der Wille zum Sinn, Bern 1972.

Frese, H.: Erwachsenenbildung – eine Praxistheorie, Freiburg 1976.

Freud, D.: Ges. Werke V, Frankfurt 5/1972.

Fromm, E.: Furcht vor der Freiheit, Frankfurt 2/1968.

Fromm, E.: Das Menschenbild bei Marx, Frankfurt 1963.

Fromm, E.: Philosophische Anthropologie und Psychoanalyse. Das Menschenbild Sigmund Freuds, in: Rocek, R., Schatz, O. (Hg.), Philosophische Anthropologie heute, München 1972, 84–102.

Fromm, E.: Psychoanalyse und Ethik, Stuttgart 1954.

Gehlen, A.: Die Seele im technischen Zeitalter. Sozialpsychologische Probleme in der industriellen Gesellschaft, Hamburg 1969.

Gerner, Berthold: Einführung in die Pädagogische Anthropologie, Darmstadt 1974.

Gorschenek, G. (Hg.): Grundwerte in Staat und Gesellschaft, München 1977.

Gottschaldt, K.: Das Problem der Phänogenetik der Persönlichkeit, in: Lersch, Ph., Thomae, H. (Hg.), Persönlichkeitsforschung und Persönlichkeitstheorie, Göttingen 2/1960, 222–280 (= Handbuch der Psychologie 4).

Grant, V. W.: Der verunsicherte Mensch. Auf der Suche nach Sicherheit, Olten/Freiburg 1977.

Grau, G. (Hg.): Probleme der Ethik, Freiburg 1972.

Graumann, C. F.: Die Dynamik von Interessen, Wertungen und Einstellungen, in:

Thomae, H. (Hg.), Allgemeine Psychologie II, Motivation, Göttingen 2/1965, 272–305 (= Handbuch der Psychologie 2).

Graumann, C. F.: Eigenschaften als Problem der Persönlichkeitsforschung, in: Lersch, Ph., Thomae, H. (H.), Persönlichkeitsforschung und Persönlichkeitstheorie, Göttingen 2/1960, 87–154 (= Handbuch der Psychologie 4).

Guilford, J. P.: Persönlichkeit. Logik, Methodik und Ergebnisse ihrer quantitativen Erforschung, Weinheim 3/1965.

Gulian, C.: Versuch einer marxistischen Philosophischen Anthropologie, Darmstadt/Neuwied 1973.

Habermas, J.: Art. „Anthropologie", in: FL Philosophie, Frankfurt 1958.

Habermas, J.: Legitimationsprobleme im Spätkapitalismus, Frankfurt 1973.

Habermas, J.: Zur Rekonstruktion des Historischen Materialismus, Frankfurt 1976.

Hammer, G.: Freiheit. Ein Beitrag zur Begriffsklärung, in: Jb. f. Christl. Sozialwissenschaften 15 (1974), 99–194.

Hammer, G.: Der Gebildete zwischen Kirche und Gesellschaft, in: Jb. f. Christl. Sozialwissenschaften 16 (1975), 179–194.

Hammer, G.: Profanisierung. Eine Untersuchung zur Frage der Säkularisierung in der Theologie Paul Tillichs, Innsbruck 1973 (= Veröffentlichungen der Universität Innsbruck 81).

Hammer, G.: Profanisierung, in: ZkTh 96 (1974) 3, 217–246.

Hammer, G.: Untersuchung zur Werteinstellungsstruktur von Sozialpädagogen, in: Jugendwohl. ZfKinder- u. Jugendhilfe 58 (1977) 2, 49–53.

Hammer, G.: Zum beruflichen Selbstbild von Sozialpädagogen. Ergebnisse einer Befragung, in: Jugendwohl 59 (1978) 7/8, 270–278.

Hammer, G.: Zur Freiheit fähig?, Freiburg 1978.

Hare, R. M.: The language of Morals, Oxford 1967.

Heimann, P., Schulz, W.: Unterricht, Analyse und Planung, Hannover 1972.

Herskovits, M. J.: Statement on Human Rights, in: American Anthropologist 49 (1947), 539–543.

Hobbes, Th.: Vom Menschen – Vom Bürger, Hamburg 1959.

Höffe, O.: Grundaussagen über den Menschen bei Aristoteles, in: Z. phil. Forschung 30 (1976) 2, 227–245.

Hofstätter, P. R.: Behaviorismus als Anthropologie, in: Jb. f. Psychol. Psychother. 4 (1956), 357–370.

Hofstätter, P. R.: Die Sozialanpassung und die zweite Natur des Menschen, in: Jb. f. Psychol. Psychother. 6 (1958), 112–119.

Hospers, J.: What means this Freedom?, in: Sidney Hook (Hg.), Determinism and Freedom in the Age of Modern Science, New York 1961, 131–138.

Hume, D.: Ein Traktat über die menschliche Natur, Hamburg 1973.

Hume, D.: Eine Untersuchung über die Principien der Moral, Wien 1883.

Jaschke, H.: Das Böse in der Erziehung. Ein Beitrag zur pädagogischen Anthropologie, Düsseldorf 1974.

Kärn, M.: Vorsicht Stufe! Ein Kommentar zur Stufentheorie der moralischen Entwicklung, in: Portele, G. (Hg.), Sozialisation und Moral, Weinheim 1978, 81–100.

Kalin, J.: In defense of egoism, in: Gauthier, D. P. (Hg.), Morality and Rational Self-Interest, Englewood Cliffs N. J. 1970, 68–87 (nach der Übersetzung von Ginters, R. [Hg.], Typen ethischer Argumentation, Düsseldorf 1976, 80–102).

Kambartel, F.: Erkennen und Handeln. Methodische Analysen zur Ethik, in: Gadamer, H. G., Vogler, P. (Hg.), Philosophische Anthropologie II, Stuttgart 1974, 289–304 (= Neue Anthropologie 7).

Kamlah, W.: Philosophische Anthropologie. Sprachkritische Grundlegung und Ethik, Mannheim 1972.

Kant, I.: Werke (Königlich Preußische Akademie d. Wissenschaften), Berlin 1902 ff., Bd. VII.

Kehrer, G.: Ethik als Grenzdisziplin der Theologie, in: Kohlenberger, H. (Hg.), Aktuelle Fragen der Ethik, Bonn 1973, 15–35.

Keller, W.: Philosophische Anthropologie – Psychologie – Transzendenz, in: Gadamer, H. G., Vogler, P. (Hg.), Philosophische Anthropologie I, Stuttgart 1974, 3–43 (= Neue Anthropologie 6).

Keller, W.: Das Problem der Willensfreiheit, Bern 1965.

Klafki, W.: Erziehungswissenschaft als kritisch-konstruktive Theorie: Hermeneutik – Empirie – Ideologiekritik, in: ZfPäd 17 (1971) 3, 351–385.

Kohlberg, L., Wassermann, E., Richardson, N.: Die Gerechte Schul-Kooperative, in: Portele, G. (Hg.), Sozialisation und Moral, Weinheim 1978, 215–259.

Kohlberg, L., Scharf, P., Hickey, J.: Die Gerechtigkeitsstruktur im Gefängnis. Eine Theorie und eine Intervention, in: Portele, G. (Hg.), Sozialisation und Moral, Weinheim 1978, 202–214.

Kohlberg, L., Turiel, E.: Moralische Entwicklung und Moralerziehung, in: Portele, G. (Hg.), Sozialisation und Moral, Weinheim 1978, 13–80.

Kohlenberger, H. (Hg.): Aktuelle Fragen der Ethik, Bonn 1973.

Landmann, M.: Philosophische Anthropologie. Menschliche Selbstdeutung in Geschichte und Gegenwart, Bonn 4/1976.

Landmann, M. (Hg.): De Homine. Der Mensch im Spiegel seines Gedankens, Freiburg 1952.

Langeveld, M.: Einführung in die theoretische Pädagogik, Stuttgart 5/1965.

Laudis, C., Bolles, M.: Textbook of Abnormal Psychology, New York 1950.

Lersch, Ph.: Die anthropologische Wende in der Psychologie, in: Jb. f. Psychol. Psychother. 5 (1958), 5–9.

Lochner, R.: Deskriptive Pädagogik, Reichenberg 1927.

Lochner, R.: Über das Grundverhältnis zwischen Anthropologie und Erziehungswissenschaft, in: Becker, H. H. (Hg.), Anthropologie und Pädagogik, Bad Heilbrunn 2/1971, 48–59.

Löwisch, D.-J.: Das Normenproblem in der Pädagogik, in: Engfer, H. J. (Hg.), Philosophische Aspekte schulischer Fächer und pädagogischer Praxis, München 1978, 156–175.

Lück, H. E.: Mitleid – Vertrauen – Verantwortung. Ergebnisse der Erforschung prosozialen Verhaltens, Stuttgart 1977.

Lukas, E. S.: Zur Validierung der Logotherapie, in: Frankl, V. E., Der Wille zum Sinn, Bern 1972, 235–265.

Maier, H.: Zur Diskussion über die Grundwerte, in: Gorschenek, G. (Hg.), Grundwerte in Staat und Gesellschaft, 172–190.

Maihofer, W.: Grundwerte heute in Gesellschaft und Staat, in: Gorschenek, G. (Hg.), Grundwerte in Staat und Gesellschaft, 88–102.

Marx, K., Engels, Fr.: Philosophie. Studienausgabe Bd. I, hrsg. v. I. Fetscher, Frankfurt 1972.

Maslow, A. H.: Motivation and Personality, New York 1954.

Maslow, A. H.: Psychologie des Seins. Ein Entwurf, München 1973.

Matthes, J.: Religion und Gesellschaft. Einführung in die Religionssoziologie I, Hamburg 1967.

Matthes, J.: Kirche und Gesellschaft. Einführung in die Religionssoziologie II, Hamburg 1969.

Mayntz, R., u. a.: Einführung in die Methoden der empirischen Soziologie, Opladen 3/ 1972.

Milgram, St.: Einige Bedingungen von Autoritätsgehorsam und seiner Verweigerung, in: Zeitschr. f. exp. u. angewandte Psychologie 13 (1966), 433–463.

Milgram, St.: Das Erleben der Großstadt – Psychologische Analyse, in: Lück, H. (Hg.), Mitleid – Vertrauen – Verantwortung, Stuttgart 1977, 131–144.

Mill, J. St.: Der Utilitarismus, Stuttgart 1976.

Möller, C.: Technik der Lehrplanung, Weinheim 3/1971.

Moore, G. E.: Principia Ethica, Stuttgart 1970.

Nohl, H.: Charakter und Schicksal. Eine pädagogische Menschenkunde, Frankfurt 1938.

Oerter, R.: Moderne Entwicklungspsychologie, Donauwörth 3/1968.

Patzig, G.: Ethik ohne Metaphysik, Göttingen 1971.

Perry, R. B.: General Theory of Values, Cambridge/Mass. 1950.

Pestalozzi, J. H.: Meine Nachforschungen über den Gang der Natur in der Entwicklung des Menschengeschlechts, in: Flitner, W. (Hg.), J. H. Pestalozzi, Ausgewählte Schriften, Düsseldorf 1954.

Peters, R. S.: Ethik und Erziehung, Düsseldorf 1972.

Piaget, J.: Erkenntnistheorie der Wissenschaften vom Menschen, Frankfurt 1973.

Pieper, A.: Analytische Ethik, in: Phil. Jb. 78 (1971), 144–176.

Plessner, H.: Homo absconditus, in: Rocek, R., Schatz, O. (Hg.), Philosophische Anthropologie heute, München 1972, 37–50.

Popper, K. R.: Logik der Forschung, Tübingen 1971.

Portele, G.: „Du sollst das wollen!" Zum Paradox der Sozialisation, in: Ders. (Hg.), Sozialisation und Moral, Weinheim 1978, 147–168.

Portele, G. (Hg.): Sozialisation und Moral, Weinheim 1978.

Portmann, A.: Biologie und Geist, in: Rocek, R., Schatz, O. (Hg.), Philosophische Anthropologie heute, München 1972, 115–129.

Rawls, J.: Outline of a Decision Procedure for Ethics, in: Philosophical Review 60 (1951), 177–190.

Reble, A.: Menschenbild und Pädagogik, in: Becker, H. H. (Hg.), Anthropologie und Pädagogik, Bad Heilbrunn 2/1971, 7–27.

Reid, Th.: Moralische Wahrheit, in: Birnbacher, D., Hoerster, N. (Hg.), Texte zur Ethik, München 1976, 73–79.

Revers, W. J.: Ideologische Horizonte der Psychologie, München 1962.

Robinsohn, S. B.: Bildungsreform als Revision des Curriculums, Neuwied 3/1971.

Ross, W. D.: Die Prima-facie-Richtigkeit als Rechtfertigungsgrund für aktuelle sittliche Pflichten, in: Ginters, R. (Hg.), Typen ethischer Argumentation, Düsseldorf 1976, 45–50.

Roth, E.: Der Werteinstellungstest, Bern 1972.

Roth, H.: Empirische Pädagogische Anthropologie. Konzeption und Schwierigkeiten, in: ZfPäd 11 (1965) 3, 207–221.

Roth, H.: Pädagogische Anthropologie I. Bildsamkeit und Bestimmung, Hannover 3/ 1971.

Roth, H.: Pädagogische Anthropologie II. Entwicklung und Erziehung, Hannover 1971.

Rothacker, E.: Psychologie und Anthropologie, in: Jb. f. Psychol. Psychother. 5 (1957), 168–181.

Russell, B.: Philosophical Essays, London 1910.

Satura, V.: Struktur und Genese der Person. Das Psychologische Menschenbild, Innsbruck 1970 (= Veröffentlichungen der Universität Innsbruck 35).

Scarbath, H.: Art. „Anthropologie, pädagogische", in: Horney, W., Ruppert, J. P., Schultze, W. (Hg.), Pädagogisches Lexikon I, Gütersloh 1971, Sp. 126–129.

Schäfer, B.: Toleranz – Intoleranz. Anmerkungen zu Begriff, Bedingungen und Beeinflussung, in: Aus Politik und Zeitgeschichte, B 38/77, Bonn 1977, 23–38.

Schaff, A.: Marxismus und das menschliche Individuum, Hamburg 1970.

Scharmann, Th.: Leistungsorientierte Gruppen, in: Graumann, C. F. (Hg.), Sozialpsychologie II, Forschungsbereiche, Göttingen 1972, 1790–1864 (= Handbuch d. Psychologie 7).

Schilling, H.: Grundlagen der Religionspädagogik, Düsseldorf 1970.

Schlick, M.: Fragen der Ethik, Wien 1930.

Schmidt, H.: Ethos und Recht in Staat und Gesellschaft, in: Gorschenek, G. (Hg.), Grundwerte in Staat und Gesellschaft, München 1977, 13–28.

Schmidtchen, G. (Hg.): Zwischen Kirche und Gesellschaft. Forschungsbericht zur gemeinsamen Synode der Bistümer in der Bundesrepublik Deutschland, Freiburg 2/1972.

Schmitt, P.: Die pädagogische Relevanz einer anthropologischen Ethik, Düsseldorf 1973.

Schüller, Br.: Neuere Beiträge zum Thema „Begründung sittlicher Normen", in: Pfammatter, J., Furger, F. (Hg.), Theologische Berichte, Bd. IV, Fragen christlicher Ethik, Zürich 1974, 109–181.

Seeber, D.: Was sind Grundwerte?, in: Herder-Korrespondenz 30 (1976), 381–384.

Sheldon, W. H., Stevens, S., Tucker, W. B.: The Varieties of Human Physique, New York/London 1940.

Smart, J. J. C.: Extremer und eingeschränkter Utilitarismus, in: Höffe, O. (Hg.), Einführung in die utilitaristische Ethik. Klassische und zeitgenössische Texte, München 1977, 121–132.

Smirnow, G. L.: Die Herausbildung der sozialistischen Persönlichkeit, Berlin (Ost) 1975.

Spranger, E.: Lebensformen. Geisteswissenschaftliche Psychologie und Ethik der Persönlichkeit, Halle (Saale) 6/1927.

Stagner, R.: Psychology of Personality, New York 3/1961.

Stark, Fr. (Hg.): Revolution oder Reform? H. Marcuse und K. Popper – eine Konfrontation, München 1971.

Stieglitz, H.: Soziologie und Erziehungswissenschaft, Stuttgart 1970.

Teutsch, G. M.: Lernziel Empathie, in: Lück, H. (Hg.), Mitleid – Vertrauen – Verantwortung, Stuttgart 1977, 145–155.

Thielicke, H.: Mensch sein – Mensch werden. Entwurf einer christlichen Anthropologie, München 1976.

Thomae, H.: Formen der Daseinsermöglichung, in: Gadamer, H. G., Vogler, P. (Hg.), Psychologische Anthropologie, Stuttgart 1973, 317–348 (= Neue Anthropologie 5).

Thomae, H.: Der Mensch in der Entscheidung, München 1960.

Thomae, H.: Persönlichkeit. Eine dynamische Interpretation, Bonn 5/1973.

Thomae, H.: Das Problem der Konstanz und Variabilität der Eigenschaften, in: Lersch, Ph., Thomae, H. (Hg.), Persönlichkeitsforschung und Persönlichkeitstheorie, Göttingen 2/1960, 281–353 (= Handb. d. Psychologie 4).

Thomae, H.: Psychologie, in: Flitner, A. (Hg.), Wege zur Pädagogischen Anthropologie, Heidelberg 2/1967, 78–109.

Thomae, H.: Psychologie und Anthropologie. Eine kritische Analyse, in: Ders., Vita Humana, Frankfurt 1969, 9–40.

Tillich, P.: Das religiöse Fundament des moralischen Handelns. Schriften zur Ethik und zum Menschenbild, Stuttgart 1966 (= Gesammelte Werke III).

Toman, W.: Motivationsmodelle und ihre anthropologische Aussage, in: Gadamer, H. G., Vogler, P. (Hg.), Psychologische Anthropologie, Stuttgart 1973, 283–316 (= Neuere Anthropologie 5).

Trillhaas, W.: Ethik, Berlin 3/1970.

Ulich, D.: Probleme und Möglichkeiten erziehungswissenschaftlicher Theorienbildung, in: Ders. (Hg.), Theorie und Methode der Erziehungswissenschaft, Weinheim 1972, 13–87.

Ulich, D.: Wissenschaftsmodell und Gesellschaftsbild, in: Ders. (Hg.), Theorie und Methode der Erziehungswissenschaft, Weinheim 1972, 295–324.

Wandel, Fr.: Bemerkungen zum Ethos praktisch-pädagogischer Forschung, in: Vierteljahresschr. f. wiss. Päd. 54 (1978) 1, 68–89.

Wellek, A.: Ganzheitspsychologie und Strukturtheorie. Zehn Abhandlungen zur Psychologie und Philosophischen Anthropologie, Bern 1955.

Wittig, H.: Freiheit der Person. Die Aufgabe der Erziehung in unserer Zeit, 1969.

Wormser, R. G.: „Kleider machen Leute": Experimentelle Untersuchungen zum Einfluß abweichender Kleidung auf hilfreiches Verhalten, in: Lück, H. (Hg.), Mitleid – Vertrauen – Verantwortung, Stuttgart 1977, 86–99.

Zand, D. E.: Vertrauen und Problemlöseverhalten von Managern, in: Lück, H. E. (Hg.), Mitleid – Vertrauen – Verantwortung, Stuttgart 1977, 61–74.

Zecha, G.: Zum Normproblem in der Erziehungswissenschaft, in ZfPäd 18 (1972) 4, 583–597.

Zellinger, E.: Die Philosophische Anthropologie als Grundlage psychologischer Theorienbildung, in: Philos. Jb. 67 (1958/59), 105–114.

Gerhard Hammer

Erfolgreich studieren

Praxis des wissenschaftlichen Arbeitens im Studium der Erziehungs- und Sozialwissenschaften. Studienführer. 109 Seiten, Bestell-Nr. 17865.

„... Hammer befaßt sich in seinem Buch mit allen Formen der Wissensvermittlung. Er stellt sie dar, zeigt ihre Schwächen und Stärken auf und weist Wege, wie man sie optimal nutzen kann. Ein Blick auf den Inhalt zeigt die angesprochenen Themen: Studienplanung, Studienveranstaltungen, das persönliche Studium, Wege zur wissenschaftlichen Literatur, die eigenständige wissenschaftliche Arbeit, die Prüfung und ihre Vorbereitung. Hammers Vorzug ist die praxisgerechte Darstellung. So werden in dem Abschnitt ‚Werdegang einer schriftlichen Arbeit‘ die einzelnen Stationen eines solchen Arbeitsprozesses plastisch vor Augen geführt. Von der Themensuche über Literaturauswahl, Gliederung, Niederschrift bis hin zum Vervielfältigen und Binden gibt Hammer brauchbare Winke.“

Studium. Buchinformation für Studierende

Gerhard Hammer

Zur Freiheit fähig?

Eine humanwissenschaftliche Untersuchung. 128 Seiten, Bestell-Nr. 18275.

Zur Freiheit fähig werden und machen heißt heute, die Ergebnisse der human- und sozialwissenschaftlichen Forschung in ihren richtigen Kontext zu stellen, menschliche Freiheit zur gesellschaftlichen Wirklichkeit und zum individuellen Erziehungsschicksal in Beziehung zu setzen. Der Autor überträgt hier komplexe metaphysische Sachverhalte und abstrakte Begriffe auf die Ebene, auf der sie für jeden einzelnen ganz konkrete Bedeutung haben, und erschließt damit eine neue Sicht der Freiheitsproblematik speziell für die Erziehungs- und Sozialwissenschaften.

Durch jede Buchhandlung erhältlich.

Verlag Herder Freiburg · Basel · Wien